松下幸之助日本を叱る

天上界からの緊急メッセージ

Ryuho Okawa
大川隆法

本霊言は、2009年12月15日（写真上）と17日（写真下）、幸福の科学総合本部にて、質問者との対話形式で公開収録された。

まえがき

ますます政治的にも経済的にも混迷を深め、「国難」そのものが正体を明らかにしてきた現代日本。

この沈みゆく日本を、政治、経済、経営面から救おうと、『経営の神様』松下幸之助氏が、菩薩界《ぼさつかい》最上段階から緊急メッセージを伝えてきた。

これは私にとっても初めての、公開の場での霊言収録となった。数多くの宝石のような貴重なアドバイスが本書にはちりばめられている。必ずやこの国を救う強力な飛翔力《ひしょうりょく》となるであろう。

二〇一〇年　一月

幸福《こうふく》の科学《かがく》グループ創始者兼総裁《そうししゃけんそうさい》

大川隆法《おおかわりゅうほう》

松下幸之助 日本を叱る　目次

第1章　国家としての主座《しゅざ》を守れ

二〇〇九年十二月十五日　松下幸之助の霊示

第2章　事業繁栄のための考え方

二〇〇九年十二月十七日　松下幸之助の霊示

第1章

国家としての主座《しゅざ》を守れ

二〇〇九年十二月十五日　松下幸之助の霊示

松下幸之助《まつしたこうのすけ》（一八九四～一九八九）
松下電器産業（現パナソニック）の創業者。
松下政経塾《じゅく》の創立者で初代塾長。

［質問者三名は、それぞれA・B・Cと表記］

1　日本を救うために必要な精神とは

大川隆法　今の時期は政治的にも経済的にも非常に大変な時期なので、「松下幸之助氏が健在だったら何と言うか」ということには、国民は、みな、関心があるだろうと思います。その意味でのニーズに応《こた》えて、「松下幸之助の霊言《れいげん》」を世に問いたいと考えます。

ここに来ている質問者三人のうちの二人は、生前の幸之助さんご本人にお会いしたことがある方であり、一人は松下電器にお勤めだった方で、もう一人は、面談したことがある方です。あと一人は、雑誌「ザ・リバティ」(幸福の科学出版刊)の編集長で、政治・経済に関心のある方なので、一回目のメンバーとしてはよいのではないかと思います。

松下幸之助さんは、霊界に還《かえ》ってから、生前とは考えが変わっているかもしれませんし、幸福の科学の考えとストレートに一緒《いっしょ》かどうかは分かりません。自民党側の意見で来るか、民主党側の意見で来るか、幸福実現党側の意見で来るかは分かりませんが、きょうに関しては、大川隆法の意見ではなく、松下幸之助の意見ということで統一させてもらいますので、その点、ご理解いただきたいと思います。

霊言のなかで「私」と言う場合、それは松下幸之助さんのことであって、大川隆法ではありません。

ただ、私の解説が必要なときには、自分の意見を差し込《こ》むことがあるかもしれません。完全なトランス状態になるわけではないので、私自身は、霊言の内容を、全部、理解しています。

では、そろそろ行きましょうか。

松下幸之助さんのご降臨をお願い申し上げます。

（約十秒間の沈黙《ちんもく》）

松下幸之助　松下です。

今、ここで、私の霊言が欲《ほ》しいということで、ご質問をされる方もご用意されているようなので、まあ、訊《き》きたいことがあったら、何でも訊いていただければよろしいですが。

A――　本日は、まことにありがとうございます。

私は、幸福の科学に奉職《ほうしょく》をさせていただく前に、松下電器産業（現パナソニック）に、約十五年間、お世話になった者です。

松下幸之助　ああ、そうか。ご苦労やったなあ。うん。

A――　私は、松下という会社がとても大好きです。

松下幸之助　ああ、ほうかい。

A――　はい。そして、そのなかに流れている、松下幸之助先生のお考え、精神というものが大好きです。その精神のなかには、いわゆる「松下七精神《ななせいしん》」の第一条として、「産業報国の精神」があります。

現在、この不況期《ふきょうき》において、多くの経営者の方々が不況の波にのまれ、あえいでいます。そこで、「何のために起業するのか」「何のために事業を起こすのか」

という、経営理念や経営の原点について、あらためて、ご指導を賜《たまわ》ればと思います。

この国を救いたかったら、どうしたらよいか

松下幸之助　まあ、産業報国というと、戦前の言葉やから、今の人には、ちょっと分からんかもしらんが、要するに、「お国のために働く」というような考えだな。でも、今の人は、それを認めないいんじゃないいか。

例えば、「お国のために働こう」と社長が言うと、社員や労働組合が反発するだろうし、マスコミは「古い」と言うだろうなあ。

だけど、私は、基本的に、この国を救いたかったらね、この国で働いている者たち、あるいは会社が、「産業報国の精神で、産業を興《おこ》して国を富ませ、そして発展させよう」という思いを持っているかどうか、これにかかっとると思うんで

すよ。

結局、戦後の民主主義と言うてもだね、〝バラバラ民主主義〟になってるよね。バラバラだよね。〝個人主義的民主主義〟というか、会社は会社でバラバラに、個人は個人でバラバラに幸福の追求はしてるかもしらんけれども、「国家のために、天下のために、社会のために」とか言うこと自体が、古い戦前のことで、反動的で保守的で間違《まちが》っているように考える風潮があるよね。

だから、「この国の状態を救いたかったら、どうしたらいいか」ということやけども、それは、君、ばらまき政策なんかじゃなくて、やはり報恩だよ。報恩ね。

会社および会社で働く人たちが、この日本という国に生まれて、ここで育って生活できていることに対する感謝・報恩の気持ちが、今、薄《うす》れとるよね、どう見ても。

ほかの国に生まれてごらんよ。日本よりいい国に生まれることは数少ないですよ。稀《まれ》ですよ。やはり、もっと貧しい、厳しい国が多い。「この国に生まれ合わせた」ということは、ありがたいことですよ。

それも、戦後、産業人が営々として頑張《がんば》ったために、これだけ発展したんだよ。それで、みんな、豊かな生活を享受《きょうじゅ》できている。たまたま、今、不況があるかもしらんけれども、その基本的な精神だね、先人たちの遺《のこ》した偉業《いぎょう》っちゅうのを忘れないで、自分たちも、そういう気持ちを持たなきゃいけないな。

ケネディぐらいの強い指導者が欲《ほ》しい

だから、自分たちが、「欲《ほ》しい、欲しい」「くれ、くれ」という方向を向いているのはおかしいよ。やはり、自分たちのほうが、お国のために、社会のために、人々のために、何か尽《つ》くさなきゃいかん。

こんな考えを持って会社経営をやれば、会社は発展せざるをえんし、同時に、利益はあがるわな。利益があがれば、黒字になって、税金も納められる。税金が納められたら、国の税収だって増えるんですよ。

税収を増やそうとして、国がいろいろなことを言うてるけども、こんな、ただでもらうことばかり考えている国民や会社をつくったら、そんなもの、増えるわけがないでしょう。赤字が増えるばっかりだな。

これは、基本的な考え方を逆にせないかんと思う。まあ、産業報国の精神というのが、ちょっと古い戦前の思想なので、今は通じるかどうかは知らんけれど。

宗教に対しても否定的な考えが多いんで言いにくいけど、とにかく、個人主義が悪いほうに働いている。私欲主義、私利私欲に流れとる。これを、やはり変えなきゃいかん。

そやから、政治家や首相も、やはり、そちらの方向に人を持っていかなきゃいかんよね、あのアメリカでケネディさんが言うとったようにな。「国家が国民のために何をしてくれるかでなくて、国民が国家のために何ができるか、それをこそ私は問う」というようなことを、大統領になったときに言うたじゃないか。

あれを言えるぐらいの強い指導者が欲しいな。まずは、その程度、言えなければいけない。日本の首相になったら、「首相にならせていただきまして、ありがとうございます。ついては、ばらまきをいたします」というような考えではあかんな。そうじゃなくて、国民に対して、考えの間違いを正して、国家に対する貢《こう》献《けん》を求める、そういう気持ちが必要だな。

まあ、長くなっちゃいかんから、これについては、そのぐらいにしとくけどな。

A――　ありがとうございました。

2　日本の今の政治家に望むこと

B――　幸之助先生、お久しぶりでございます。

松下幸之助　ああ。

B――　三十年ぶりに、お会いすることができました。

松下幸之助　ほうかいな。まあ、あんたの顔は、あまり覚えておらんが、若かったんやろうな、当時はな。

Ｂ――　当時は大学四年生でした。

松下幸之助　ああ、そうかい。年を取ったから分からんわな。

Ｂ――　運試《うんだめ》しのつもりで松下政経塾《じゅく》を受けさせていただき……。

松下幸之助　ああ、そうかい、そうかい。うん。

Ｂ――　最終面談まで行く機会を賜《たまわ》りました。

松下幸之助　わしゃ、何を言うたかな。

B――　先ほど話されていたのとまったく同じような口調で、「何か訊《き》きたいことがあるか」と質問してくださったのですが、私は、まだ、自己確立もできておらず、志もきちんと持っていなかったので、ものを尋《たず》ねることができませんでした。その後《ご》、恥《は》ずかしい思いで、三十年おりました。

松下幸之助　なあ、あんた、松下電器より、もっとええところに就職したんやろ？

B――　ああ、はい。

松下幸之助　ああ、良かったじゃないか。まあ、そりゃあ、あんたみたいな偉《えら》い人は来ちゃいけないんだよ。それでいいんだ。

B――　そのときに一緒《いっしょ》に塾を受けましたH君や、日本銀行に一緒に入りましたO君は、今、政治家として活躍《かつやく》しておりますし、先輩《せんぱい》になりますが、Mさんなどを拝見するにつけても、「さすが塾生」という感じが、どうもしません。

今回、私も衆院選に立候補し、彼《かれ》らを間近に見て、「幸之助先生がご薫陶《くんとう》くださったように、徳性のある政治家となって、この国を立て直していく志を、本当に受け継《つ》いでいるのだろうか」と感じ、ある意味でショックを受けたのです。

松下幸之助　君、厳しいなあ。

B――　今、塾生で議員バッジを付けている諸君に、あらためて、ご薫陶をお願いできればと思います。

また、今の松下政経塾のあり方につきましても、お話しいただければ幸いです。

パナソニックへの社名変更について思うこと

松下幸之助　今、指導者がいないからねえ。わしが、今、政経塾長をやっとったら、直接に意見も言うので、聴《き》いてくれるだろうけれども。

まあ、松下電器もパナソニックになって、要するに、松下電器の持ってる宗教的な求心力っちゅうか、「人格陶冶《とうや》の精神」を否定してるんだよな、パナソニックって変えたのはな。

悪いやつだなあ、本当に、あれを変えたやつは。「ちょっとコツンしてやりたいなあ」と私は思うとるんやけども。パナソニックなんて言うても、私の時代の人間は、意味が分からんがな。ねえ。

「松下電器」のどこが悪いんか、わしは分からんが、要するに、宗教性を奪《うば》ったな、松下電器からパナソニックになってな。それで、そういう精神的な指導者というものは電器屋の分《ぶん》を過ぎたもんだと思い始めとるようだな。

だから、「ものをつくって売り、儲《もう》けたらいいんであって、何も、『松下電器は、人をつくるところです。併《あわ》せて電化製品をつくっております』というような、恥ずかしいこと言わんでくれ」ということだ。

そんな時代に、今、入ったんだろうな。

創業者が死んで、もう二十年にもなるから、まあ、当然だろうし、わしのやり方を根本的に変えたやつもおるでなあ。時代が時代やから、不況《ふきょう》が来て、わしがつくった経営手法だけではうまいこといかんから、それを根本的に変えて、赤字を黒字に変えたやつがおる。それで、松下家を追い出し、普通《ふつう》の会社にしようと、業務改革をなされたようだな。

でも、それ、ええことも半分あると思うよ。現代化だから、ええこともあると思う。ただ、半分な、松下電器の持っている精神、「人をつくり、この世の中を良くしよう。世の中を照らそう」という精神が消えたわな。

政経塾のバックボーンである松下電器が、そんな状態で、精神的な指導者が今いない。まあ、江口《えぐち》君は、ちょっと頑張《がんば》ってはおるけど、そう言っても、僕《ぼく》とは違《ちが》いがあるからなあ。先生と弟子《でし》は違うから。だから、もう、ある程度、過去のものになりつつあるんやろうなあ。

「事業部制も非効率だ」と言うてみたりしとるし、わしが宗教的手法も使って、あれ何て言うんや、ロイヤリティーって言うんか、顧客《こきゃく》の信頼《しんらい》みたいのをつくろうとしてたことなんかも、ちょっと分からんようになって、「アメリカ型の経営手法に変えよう」としとるんだろうけどな。こんなことが背景にある。

宗教で言えば、教祖や教義に対する信頼が薄《うす》れて、弟子の時代の宗教に、もう入ってるわけだな。そういうことで、バックボーンがないので、今、政経塾の出身者が、新しいことに対して、どう考えたらいいかっちゅう指針がないわけやね。それを訊くところがない。

政経塾出身の政治家へのメッセージ

それと、政経塾をつくったのはいいけども、政党まで行かなかった。会社なら経営理念が当然要《い》るんだけども、政党理念までつくり切れなかったところがな、政経塾の半端《はんぱ》なところだ。わしが、やはり、ちょっと年を取りすぎとったのが原因かな。

試みに政経塾をつくって、わしゃあ、百二十までは最低でも生きるつもりでおったんでなあ。「まだ時間はある」と思っとったから。百二十まで生きたら、政党もきっちりと立ち上げるつもりでおったんやけども、まさか、九十四ぐらいで死ぬとは思わんかった。あんな早死にするとは思わんかったんで、ちょっと教えが足りんのじゃ。そういう意味では気の毒かと思う。

結局は、現実の政治に流されてやな、「高邁《こうまい》な精神は、ほどほどにして、とにかく選挙に勝つことだ。勝ってなんぼや。勝たんかったら、政治家なんて、ただの人や」という誘惑《ゆうわく》の前には、まあ、勝てんわけよ。悪魔《あくま》の誘惑だな。だから、選挙に通らんかったら、ただの人やな。「なんぼ、きれいごと並べたって、なんぼ、国益を言ったって、なんぼ、ええことを言うたところで、選挙に通らんかったら、ただの人やないか。どんな悪どいことをやってでも、とにかく通ってしまえ」っちゅうようなもんだよな。

そういうことになりますと、「天下国家を論じたりしていると票が減る」というようなことになるし、「このままでは国が危ない」と思っても、ばらまきには、やはり賛成するしな。そういう、「長いものには巻かれろ」ということになるのが人間の弱さだなあ。

卒業生たちは政党に入って、大臣にも何人かなったな。今回、政権で八人ぐらいか？　大臣になったのは、ある意味では、成功は成功なんだけども、肝心《かんじん》なときに、わしがもう生きとらんのが残念やったなあ。

本来は、まだ生きとるはずなんや。百二十まで寿命《じゅみょう》があったら、まだ生きとったはずなので、彼らが大臣になってから、訓令して、総理を目指すための心得を、わしゃあ、説かないかんとこやったんや。それが、彼らは聴いとらんので、政治家になるとこまでしか考えが至っておらんっちゅうことやなあ。

もう一段、やはり、天下国家を論じる気風を忘れたらいかんね。このままではいかん。

だから、わしの志からいったら、ちょっと違うなあ。松下政経塾を、有名進学校みたいなつもりで経歴に使って、選挙に有利に使おうとはしておるけども、現実に松下精神が発揮されてないんやったら、それは、あかんね。

要するに、今、生きてるのは、あれやろと思うんだよ。商売で鍛《きた》える根性《こんじょう》みたいなもんだけは、ちょっと遺《のこ》っとるんかなとは思うんだけども、政治理念みたいなもんは、あまり遺ってないなあ。やはり、わしが早死にしたのがいかんのじゃ、根本的にはね。

だから、今の政権で、せっかく大臣に入っとるので、足をすくうわけにはいかんから、あれやけども。自民党も、なかなか入らしてくれんでね。だから、民主党に入ったところが、野党の期間が長くて、左翼《さよく》のほうに、ちょっと寄ってるわね。

まあ、松下の塾生、卒業生も、もう、国益を真っ向から語るだけの力がないんじゃないかねえ。「恥ずかしい」と、やはり思い始めているんじゃないか。「国益」と言ったら右翼」というふうに見えるからね。

だから、まあ、半分、うれしいけど、半分、悔《くや》しいぐらいの感じかな。それが私の気持ちだな。塾生が偉《えら》くなって、政治家として三十人ぐらい選挙に通って、大臣にもなったことは、うれしい。一定の成功だね。

ただ、「精神そのものが風化して、単に政治家になるための階段っちゅうか、踏《ふ》み台にだけ、政経塾がなっている」っていうんは寂《さび》しいなあ。

成功するまでやり続けるかぎり、失敗ではない

君、立候補したんか？　そうか。それだったら政経塾に入ってもよかったじゃないか。そしたら、もう衆議院議員になっとったかもしらん。ちょっと遅《おく》れたなあ。でも、その分、ええ思いしたんやろ、ちょっとは。じゃあ、しょうがない。人生、そんなもんや。いいことばっかりはないしね。何かが良けりゃ、何かが悪いわ。しょうがないわねえ。

でも、ええ勉強になったんと違うか。ちょっと、雲の上で下界を見るような目で生きてきたんやろ。それでこの世を終わったらあかんね。ちょっと地べた這《は》って汗《あせ》を流すのも、まあ、人生勉強だよ。

民主主義っちゅうのは、建前や理想は美しいが、本音は、「こんなやつらに頭下げないかんのか」というのが、まあ、本心やろ。

だから、ほかの政治家もそう思っとんだ、本当はなあ。一人一票やからな。「こいつらに頭を下げないかんのか」と。国益だとか理念なんか言うとるよりは、金を撒《ま》くか、ものを撒くか、酒でも飲ませたほうが票になるのは、もう分かっとるんだよな。

この多数が政治をつくるかと思うと、悔しいわな。それは分かる。分かるけどやなあ、会社に勤めても、最初は〝雑巾掛《ぞうきんが》け〟なんだよ。一般《いっぱん》には雑用しかないんで、普通、二、三年はな。

それと同じで、政治家を目指す者も、最初は、そうやって、どぶ板を踏《ふ》んで、汗を流して、悪口《わるぐち》を言われて、いじわるを言われて、落とされて、浪人《ろうにん》して、まあ、それで反省して考えることもあるんでね。だから、一直線にエリートコースみたいなのに乗ることだけがええわけでもないよ。

ただ、言えることはなあ、成功するまでやり続けることだね。成功するまでやり続けるかぎり、失敗じゃないんだ。

だから、松下政経塾も、三十年は、もうたったかと思うがね、あんたらも政党をつくって数カ月であきらめたらいかんよ。やはり、これからだよな。三十年ぐらいやって、やっと政党らしいなったら、それでも十分だよ。

ただ、宗教がバックについてるから、もうちょっと早く行くんじゃないかな。わしゃ、そう思うよ。

だから、あきらめたら、それで終わりだよ。あきらめなかったら、行くと思うよ、いずれね。だから、志の問題だよな。

おたくは教祖さまがご存命なので、教祖さまご存命の間《あいだ》は、「かくあるべし」は絶対に取り下げんだろうから、その意味では、精神的バックボーンは崩《くず》れないと思うよな。その間に、政党を立ち上げて一定の実力を持つのが大事やな。政経塾生に比べりゃ、ある意味では後発だけども、ある意味では有利な面もあるかな。

やろうと思えば、国だって「無借金経営」ができる

今の政権のあり方については、意見は、わしにもいっぱいあるよ。あるけど、痛しかゆしで、歯にものがはさまったようで、はっきりと批判したら、かわいそうなとこもあって、言いにくいこともあるかな。

ただ、わしの志は、もうちょっと高かったなあ。だから、わしの志を遂《と》げとったら、少なくとも、第一点として、国の財政赤字は消えとるはずじゃ。

わしは、「経営の考えを国家の財政にも持ち込《こ》む」ということを言うとった。わしの考えは、「無税国家を立ち上げて、税金がない国家をつくる」というものやった。

それを、今、信じとらんだろう。だけど、会社だったら、「無借金経営」はできてるでしょう？　現実にできるでしょう？

だから、国だってできるんですよ、無借金経営をやろうと思えばね。思わなきゃできないんだよ。できないと思ってる人たちがやっているから、できない。経営の視点をきちんと入れたら、国だって無借金経営ができる。あるいは、無税国家はできる。そのための方法を、私は生前にも説いたよ。それは、内部留保をつくることだ、国としてね。

単年度制の予算をやめ、きちんと蓄《たくわ》えて、効果的な投資を行い、産業を育て、税収が生まれるような分野に国が力を入れていく。民間では、そこまでできない難しいところに、力を入れてやるということは、国の仕事やね。その方向付けを誤ったらいかんね。

今は、どっちか言うたら、そういう方向付けよりも、自分らが選挙に勝てるようなところの支持を取り付けるために、予算の配分をやっとるんじゃないかな？その結果が財政赤字の連続になっとるね。

だから、わしは、松下政経塾をつくった精神、「無税国家を目指せ」ということを、もう一度、言っておきたい。できないことはないんです。会社だって、「借金でやらなきゃできない」と思ってる人は絶対に借金がなくならないんです。

「売り上げが何兆円もの会社だったら、そりゃ、何千億も借金があって当然だ」と思うとる人は、この借金をなくせない。しかし、「借金は返して、借金のない会社をつくろう」と思えば、つくれるんです。現実にそうなっているところもあるはずです。これが一点。

「民主主義は繁栄《はんえい》主義」を徹底《てってい》せよ

もう一つはね、やはり、「民主主義は繁栄《はんえい》主義や」ということを徹底《てってい》せないかんと思うんですよ。民主主義の体制を続けるんだったら、繁栄主義でなきゃいけない。

民主主義においては、個人個人の力が最大限に発揮されて、いい方向に向かっていけば、能力がみんな使えて、国が繁栄する。富み栄える。こういうふうになったときに、民主主義は成功するわけだな。

ところが、その民《たみ》が財政赤字の原因になっとる。みんながカラスの子みたいに口を開けて、親鳥が餌《えさ》を持ってくるのを待っとる。こんなんではあかんわね。こりゃ、民主主義じゃなくて、〝子供の民主主義〟やな。

だから、「『民主主義は繁栄主義や』ってことを忘れたらあかんで」ということを二つ目には言うておきたいな。

日本は「国家としての主座《しゅざ》」を守らなくてはならない

それから、三つ目として、日本は国家としての主座《しゅざ》を守らなきゃいかん。主座って分かるかなあ、主《しゅ》たる座や。

国民もそうだ。国民としての主座、主たる座を守る。でんとして、国家としての自覚を持たなあかんちゅうことや。

これは、分かりやすう言うたら、宴会《えんかい》で言やあ、床《とこ》の間《ま》があるだろう。ここで言やあ、ここが床の間だな（礼拝室の御本尊《ごほんぞん》を手で示す）。この御本尊さんとこが床の間。床の間の前にでんと座る。これが主座だ。主座を占《し》める。これが大事だ。

世界で今のところ第二の経済大国と言われている、この国がやな、国としての自覚、主座を守る気概《きがい》、これを持たないかんね。

対等という言い方もあるけれども、本当に対等か？　例えば、日米対等、中国と対等、正三角形の関係、いろいろ言うとります。貿易的には、商売の論理ではそうだとは思うんやけどもね。

ただ、国としての政治や外交の立場はね、やはり、主座を保たないかん。国家としての自覚を持たなあかん。

今の政権を見とると、中国に擦《す》り寄って、また、アメリカとぎくしゃくしとるけども、どっちにしても、「日本としての主座がない」と思うなあ。「アメリカから自主独立して対等の関係に立つ」って言うんやったら、それなりの、国家としての自覚と自立が要るはずや。

それは、「自分の国は自分で守る」という気概だ。そういう気概がなかったら、アメリカに守ってもらうしかないやろ。

「アメリカに守ってもらわない。アメリカと対等になるために、今度は中国に守ってもらう」っちゅうことなら、これは国家としての主座はないんと一緒や。「アメリカの核《かく》の傘《かさ》の下から、中国の核の傘の下に入る」っちゅうなら、こんなの主座じゃないわな。

鳩山《はとやま》首相の〝友愛政治〟とは社会主義政治のことか？

それで、鳩山《はとやま》さんは、「東アジア共同体をつくる」とか言っとるけど、いったい何がしたいのか、はっきり言わないかんわなあ。「日本が中心になり、盟主になって、何かやる」というなら、何をやりたいんか、はっきり言わないかんね。鳩山さんの言い方では、大東亜共栄圏《だいとうあきょうえいけん》をつくりたいんか、どうなんだか、よく分からん。アメリカは排除《はいじょ》して、太平洋のアジア諸国をまとめたいのか。あるいは、中国の〝提灯持ち《ちょうちんも》〟をしたいんか。どうしたいのか、意見をはっきり言わなあかんわな。

中国が正しいと思うとるんか？　じゃあ、日本を社会主義にする気か？　友愛政治とは社会主義政治のことか？　はっきりせないかんわな。それを、はっきり政治の争点にもせんといかん。「選挙して勝ったから、あとはやりたい放題」っちゅうわけにはいかんよ。

本当にやりたいことを隠《かく》し、ほかのことを争点にして、選挙で戦って勝つ。そして、違うことをやる。こんなの、民主主義と違うよ。これは国民を騙《だま》しとるんや。絶対に国民を騙しとるんや。

だから、「選挙の争点に使わなかったことで、国益を害したり、もしかしたら、国を誤らすかも分からん方向に持っていく」というんやったら、それを争点にして選挙をやって、国民の信を問うべきや。そうせないかん。

だから、日米安保がもし壊《こわ》れるいうんやったら、「日米安保をやめてええですか」と言うて選挙を打つべきや。「日米安保破棄《はき》や。そして、日中同盟をつくるんや。これでええか」と言って、国民に信を問い、国民が「それでいい」と言うんやったら、その後《ご》、どうなっても、それは国民の責任や。

そやけど、そんなもん、全然、選挙のとき訊いてへんやないか。訊いてなくて、「子ども手当」や何や言うて、そういうばらまきの話ばかりして、「無駄遣《むだづか》いをやめます」みたいなことだけを言うとる。現実は、そうやないか。

外交は、ものすごい大事なことや。下手《へた》したら国が滅《ほろ》びるんや。これを問うとらんやないか。

だから、それを追及《ついきゅう》せんようなマスコミもあかんで。このマスコミはあかんな。日本のマスコミはあかんで。中国のマスコミと一緒や、これ。これを叱《しか》る人がいないといかん。パシッと叱らなあかんで。こういう、選挙で問うてない争点について、強引な政治を進めるっちゅうのは間違いやで。明らかに間違っとるで。

「事業仕分け」は、ある種の公開ギロチン

それと、結局、「無駄遣いをなくす」とか言うて、「事業仕分け」とか、いろいろやっとったけども、見せもんやね。まあ、ある種の公開ギロチンやな、ありゃ。「ここで、こんなに金を使っていますよ」と言うてみせて、それを萎縮《いしゅく》させようとして、公開ギロチンにしたね。

けど、その結果、予算を削《けず》ると言われたところから猛反撃《もうはんげき》されてやね、「科学技術のところを削ったら駄目《だめ》や」とか、「スーパーコンピュータをやめたらあかんでえ」とか、いっぱい言われて、あっちもこっちもダッチロールしとる。そんな状態やないか。

あんなのは、ギロチンを見せもんにしているようなもんやな。無駄遣いをしてるとこを見せたくて、やったんやろうけど、その結果、政治じゃ予算の編成ができ

けんことを見せてるようなもんや。

鳩山首相の〝貴族主義〟は松下精神とは合わない

どうや、あの世に行っても、よう知っとるやろうが。勉強したら、こんなもんやで。この世に関心を持っとる人は、ちゃーんと知っとるんやで。政経塾をつくって、塾生が政界に出とるから、わしも、もう日本の国津神《くにつかみ》と化して、日本の政治はずっと見とりますがね。いかんな。これはいかん。とにかく、いかん。

特に、あの鳩山や小沢というのは気に食わんね。わしは気に食わん。何が気に食わんかっていうと、結局、鳩山のやっとることは、「自分らは、お母《かあ》ちゃんから政治資金をいっぱいもろうて、こんなに大きくなった。自分も親からいっぱいお金をもろうたから、国民にもお金をあげましょう」ということで、撒いとるんでしょ。自分がやってもらったことをやってるんでしょ。アホか。

だから、こんなの、金をもらう資格は、あれへんねえ。もともと親からもらったからねえ。こんなもん、働いて稼《かせ》げ。働いて稼いで、なんぼや。それが資本主義の精神や。あんたの考えは貴族主義やろうが。「貴族主義で政治をするな」ってことやな。

こんな貴族主義は、わしの松下精神とは合わんで。こんなの、全然、合ってへんで。やはり、汗を流して働いて、なんぼや。

だから、それをやらなあかんで。その精神を忘れたらあかんで。汗を流さん国民は、やはり叱らなあかんで。わしはそう思うな。その辺が納得のいかんところやなあ。

長くなるから、その辺にするわ。

B――　ありがとうございました。

3　景気対策の柱は何であるべきか

C――　松下先生、きょうは本当にありがとうございます。

不況《ふきょう》について、お伺《うかが》いさせていただきます。

松下先生がご存命中とは違《ちが》い、今の日本は、主に政治の拙《つたな》さから、バブル潰《つぶ》し、そして現在の不況と、大きな不況が長く続くかたちになっております。実際、地方に行きましても、大変な疲弊《ひへい》状態です。

そこで、あまり政治に頼《たよ》ってもいけないのですが、「景気対策として政治が行うべきことは何か」ということについて、ご教示いただければ幸いです。

経費削減《さくげん》ばかりやるのは、腕《うで》の悪い経営者

松下幸之助　まあ、ケチケチ路線も分かるよ。でも、いちばん腕《うで》の悪い経営者は経費削減《さくげん》ばかりやるんです。これが、いちばん腕の悪い経営者の、まずやることです。これしか考えつかない。

経費削減は、まあ、言うてみたら、木造の家の柱を削《けず》って、それを、かまどの火にくべとるようなもんかのう。柱は、ちょっとはもつけど、削っていくと、だんだん細うなっていくわなあ。で、そのうち、家が壊《こわ》れるわねえ。

ご飯をつくりたくて薪《まき》が欲《ほ》しい。だけど、薪を買《こ》うてこれへんから、あちこち削ってやる。まあ、ある程度はできるかもしらんけれどもね。木造の家なら、部分的に削って、それを火にくべることはできるかもしらんが、どこかで家が壊れるわな。

これとおんなじや。経費を削ったら支出が減るんで、その分、黒字が増えるように、一時期、見えるわな。短期間はな。

ただ、いずれ、その家は家の用をなさんようになるわな。

こういう考えの典型が、あれや。鳩山《はとやま》さんは、「コンクリートから人へ」なんて言うとるやろ。それは、こういう考えの一つや。

コンクリートのない国に行ってみたら、それが分かる。発展途上国《とじょうこく》に行ったら、コンクリートがない所では泥《どろ》で家つくっとるやろ。泥で壁《かべ》をつくり、萱《かや》で屋根を葺《ふ》いたりしている所があるよ。これが現代文明か？

現代の文明は、みんな、コンクリートとガラスでできとるんや。

だから、それを、そういうふうな言葉で切って捨てるということはやなあ、ある意味での独裁やで、これ。すごい独裁で、ファシズムやで、これ、ほんまに。これでは業界そのものが潰れてしまう。

建設業界は、確かに予算は食うとるかもしらんけども、それがなくて戦後の日本の復興があったんか？　戦後の日本の復興をつくったのは、どこや？　そうは言ったって、道路をつくって、橋を架《か》けて、ビルを建てて、新幹線を走らせて、このように公共工事でインフラをつくって、発展したんとちゃうんかね。だから、それをやめるっちゅうことは、もうこれ以上の発展を望まんいうことやろう。で、原始に戻《もど》るっちゅうことやろ。

政府が、今の〝貯金〟だけを持ち、それを「子ども手当」にして撒《ま》くっていうことは、どういうことか。

鳩山さんの母親は、どうせ、自分の有限の財産を、死ぬまでの間に子供に全部撒くつもりで、政治献金《けんきん》を子供にやっとるんだろうけども、これとおんなじことや。鳩山さんには、稼《かせ》ぐ気なんかあれへんねや。お金を、あるだけ今撒いて、自分が総理大臣の任期を全《まっと》うできたら、そんでええんや。「あとのことは、あとの人が考えてくれ」ということやな。ま、こんな甘《あま》えがあるわな。

日本は「GDP倍増計画」を立てるべき

わしは、考え方が根本的に違うんや。

会社の売上計画ってあるやろ？　例えば、昔は発展期やったから、それは、もう、十年で五倍増ぐらいは十分あったけども、今は、そういうわけにはいかんかもしらん。でも、十年倍増ぐらいは、あってもええと思うなあ、会社でもね。

国家だって、あってもええよ。だから、GDP倍増計画を立てるわけや。

例えば、「国のGDPを十年で倍増させる」とする。じゃ、どうしたらええんや？　それは国の〝売り上げ〟だよな。国の売り上げを十年で倍増させる。そのために、どうする？　経営者は、ここから考える。十年で倍増させるには、どうすりゃあいいか。

やはり、これは産業を興《おこ》さなあかんわな。特に、そのなかでも基幹産業に力を入れないかんね。基幹産業は、やはり力を入れてやらなあかんと思いますね。それから、これから伸《の》びていく分野のところに、しっかり投資せなあかんと思うわな。

今、環境《かんきょう》問題も言うとる。まあ、それは大事やとは、わしも思うけど、〝人殺し〟してまで環境問題やったらあかんで。大勢の人を飢《う》え死にさせてやね、国家を潰してまで環境を守ったってあかんで。

それは、人間がいないほうがええんやから。人間がいたら環境を破壊《はかい》されるんで、人間がいない、大自然の森に戻す。縄文《じょうもん》の森を取り戻す。これじゃあ、あかんがね。これじゃあ、もう、先進国じゃないから、そういう人は、まだ発展していない国に移住したらいいんだと思うな。日本には日本のやり方があるよ。

今、アメリカにだいぶ追いついてきたけれども、「アメリカが失敗したと思うところは避《さ》けて、これから日本の進むところをつくらなければいかん」というところやね。

百兆円規模の投資で国防産業を充実《じゅうじつ》させよ

あと、もう一つはね、このアメリカの問題にしても、中国の問題にしても、やはり、外交の基礎《きそ》は、最後はもう、何と言ったって軍事力ですよ。自分の国を自分で守れないような国は、滅《ほろ》ぼされたって文句は言えんのですよ。

基本的にはそうだと思いますよ。

基幹産業のなかの一つには、国防産業は、やはりありますよ。アメリカだって国防産業でもってるはずですよ。中国だって、伸びているのは、ほとんど軍事でしょう？　軍事産業で伸びているんでしょう？　この両国とも、これから戦争を仕掛《しか》ける可能性がある国ですよ。

だから、日本が主体性を持つんだったら、国防産業を充実《じゅうじつ》させないかんですよ。これは、やることは、ものすごくありますよ。

私は、国防産業でしたら、投資総額は、これから十年間で、やはり、どう考えても、最低でも五十兆は必要だと思うよね。場合によっては、もうちょっと要《い》るかもしれない。百兆ぐらいの投資を十年間でやってもいいぐらい。国防産業を育てるという意味ではね。

これは、日本人の、将来における、繁栄《はんえい》を守り、生命を守り、財産を守る貴重な投資です。そのおかげで、この国は自立し、対等の外交ができ、ものが言え、貿易でも負けることなく、外国の植民地になることもなく、また、世界の富が、この国に集まるようになります。それをしなければいけません。

今、日米安保がなくなったら、中国が、この国を取ろうと思えば、簡単に取れる。韓国《かんこく》でも取れる。これは、非常にまずい状態ですよ。

アメリカのことだって、なめとるけどね。オバマさんがええ人やから、鳩山さんも小沢さんもなめとると思うけども、あんな中国に六百人も訪中団を送って、アメリカが今どう思うとると思うてんねん。カリカリ怒《おこ》っとるよ。そらあ怒っとるよ、オバマをあんなに冷遇《れいぐう》しといて。

オバマが来たら、首相がすっぽかし、いなくなってねえ。「黒人だと思って、ばかにしとんのか」っちゅう感じだよね。そういう感じする。

「日本には在日米軍があるんやで。再占領《せんりょう》したろか」って、一回、一喝《いっかつ》されたら、もうそれで震《ふる》え上がるよ。一日で再占領可能ですよ。

アメリカの大統領が、「日本を再占領せよ」と、ホワイトハウスから言って、米軍基地が戦闘《せんとう》態勢に入ったら、そりゃあ、首相官邸《かんてい》は、その日のうちに白旗を揚《あ》げますよ。自衛隊は、アメリカ軍と戦う気なんかありませんので、日本は一日で占領される。

中国が日本を占領するには米軍基地の撤去《てっきょ》が必要です。米軍がいなくなったら日本を占領することができる。米軍がいたら日本は占領できません。これは中国だって分かっとる。

だから、アメリカをどうやって追い出すかを、一生懸命《いっしょうけんめい》、中国は考えとる。その戦略に、今、まんまと乗って、国が動いている。これが危機でなくて何か。

米中と正三角形の対等の関係を取るなら、国防産業を充実させて、アメリカからでも中国からでも日本を守れるだけの気概《きがい》を示しなさい。それができんのやったら、アメリカと中国のどちらかを選びなさい。選ぶしかない。

ただ、わしは、今までのことから見て、やはり、アメリカとの友情を守ったほうが、効率もええし、金もかからんので、有利やと思う。

国防産業は、どういう口実をつけてでも、やはり充実させなあかん。これをやらんかったら、日本は、いずれ、どこかに植民地化される。間違いない。

日本を植民地化する可能性のある国とは

日本を植民地化するのは、まあ、今言ったように、アメリカだってありうる。中国だってありうる。

さらに、朝鮮半島《ちょうせんはんとう》。南北朝鮮の合同は、もうすぐですよ。今世紀の前半には必ず起きることです。南北朝鮮が合同して、七、八千万の人口ができ、核《かく》兵器を持っとったら、核兵器が一発あるだけで、日本は白旗を揚げてしまいますよ。北朝鮮と韓国が一緒《いっしょ》になったら、そうなるんです。

金正日《キムジョンイル》が、〝ありがたい〟ことに核兵器をいっぱい用意してくれた。標的に当たるか当たらんか分からんけど、とにかくできてしまった。

「日本に向けて実験してもええか。発射してもええか」と言われたら、首相官邸は、どうするんだ。

「今度は日本が植民地化されて、過去の三十五年間、朝鮮半島を占領した罪を拭《ぬぐ》いたい。靖国《やすくに》神社は取り壊し、日本は朝鮮半島の属国になって、日本人は朝鮮半島に支配されることでもって、罪を拭いたい。その期間は三十五年にしていただきたい。同じだけ植民地化されたら、まあ、許してもらえるでしょう」とでも言うのか。今の首相なら、そんな感じだな。

だから、日本を植民地化する可能性のある国は少なくとも三つある。

これ以外の国だって、まだ、ないとは言えませんよ。

ロシアだって、いつ、どう変わるか、分かりませんからね。核兵器はゴロゴロ余っている。数はアメリカより多いんでしょう？　性能は悪いけど、数は多い。この核が余っていて、これを金に換《か》えたくて困っとるわけだ。だから、ロシアが変わることもあるし、ロシアから武器を買う国が出てきて、これが何かするかもしれない。

アメリカとの対等の関係を望むなら、国防をきちんと固めよ

オバマさんは、世界の平和のために、核削減から始まって、いちおう、「戦争のない世界を」と言うてはおるけども、すでに、あれだけ兵器を持っとる国と、戦えないようになっている国とは一緒じゃないよ。フェアではないよ。

もし本気やったら、オバマさんだって、広島《ひろしま》にも長崎《ながさき》にも行っていますよ。本気やったら、広島・長崎に行って、「人類にあるまじき罪を犯しました。人類の頭上に核爆弾《かくばくだん》を落として、それぞれ十万人を殺しました。これは畜生《ちくしょう》の仕事でした」と言うて、オバマさんだって謝りますよ。

でも、絶対に行かないですよ。行くわけがない。行ったら、その時点でアメリカ大統領を辞《や》めなきゃいけなくなるからね。アメリカの過去の悪事を暴《あば》くような大統領は、アメリカ人が許すわけがない。日本からアメリカに帰ったら射殺され

ますから、絶対に言うわけがないですよね。

だから、本心じゃないですよ。本心なら行ってますからね。

国家戦略としては、やはり、国防は大事です。

そして、インフラとして、道路も大事です。ダムだって、水力発電、原子力発電も大事ですが、風力発電や太陽光発電、その他《た》の発電も大事ですよ。

だから、中東の石油情勢が日本の国防を揺《ゆ》るがさないように、代替《だいたい》手段を持っておくことは非常に大事ですけど、これを自主的に考えないかんと、わしは思いますね。

それから、道路、新幹線やリニアモーターカー、そして、最後は空や宇宙ですから、やはり、航空機産業、宇宙産業の開発も、国がやらなければ駄目《だめ》ですね。

ですから、しっかりと、その辺をやらないかん。

これが、やはり、国としての主座ですよ。主座を守る。

世界第二の大国がね、「自分の国の国防を固めたい」と言うんだったら、こんなもん、反対できるところなんか、あるわけがありませんよ。当たり前です。それをやらなきゃいけないのに、今、アメリカの支配から中国の支配に移ろうなんていうのは、とんでもないことです。

中国自体は、多数の人が処刑《しょけい》されてても、全然、報道されない国なんですからね。経済はよろしいですよ。経済の交流はよろしい。でも、政治は、やはり問題がありますよ。幸福実現党が言っとるとおりだ、それについてはね。

だから、その辺で、ちょっとおめでたすぎるんじゃないかと思う。〝友愛〟は、もう足元を完全に見られているように思うね。

私は、そういうふうに思いますけどね。

アメリカが本当に日本を友人と考えて、日米同盟が基軸《きじく》だと考えてるんやったら、日本が軍事力をきちっとすることに反対するはずがない。もしそれに反対するんなら、本当に友人で対等で同盟だと思ってはいないはずですし、まだ植民地として占領している気持ちがあるはず。

だから、鳩山さんとかが、そういう、「対等の関係を取りたい」と、「独自の体制を取りたい」と言うんなら、そこんところをきっちりさせるべきやと、わしは思うな。

4　不況期《ふきょうき》における「国家と企業《きぎょう》の経営」とは

C――　松下先生、今、日本は財政赤字で、なかなか積極財政というのは難しい状態です。不況《ふきょう》で税収も上がりません。そうしたときに、未来のために積極的に投資することと、この財政赤字とのかかわりについては、どのようにお考えになりますか。

そして、この不況期における経営者の心掛《こころが》けや、経営におけるポイントは何でしょうか。

今の政府は「投資」と「経費」の区別ができていない

松下幸之助　わしはね、国の借金っていう考えのなかに、合っている部分と間違《まちが》っている部分と、両方あると思うんだよ。

いわゆる運転資金的なものを借金でやるのは赤字だと思うよ。

ただ、今言ったように、インフラとして残るようなものをつくるんは、わしは赤字やと思うとらん。

だから、国のほうの貸借対照表ができていないのが、いちばんの問題で、空港をつくったら財産ができたんでしょう。空港をつくるために国債《こくさい》を発行して金を集めても、こんなの赤字ではないですよ。

空港というものがきちんと残ってるんだったら、これは国の財産ができてるんです。その空港ができることによって付加価値を生んだら、さらに財産が増えたん同じやね。

新幹線をつくるんだって費用がかかるはずですよ。長崎《ながさき》新幹線をつくる、九州全体に新幹線をつくる、そら、費用は何兆円もかかるでしょう。「これ、経費やから、かけた分だけ全部損や」と、「これを削《けず》ったら黒字になる」と、今の政府は、そんなふうに思うとるわな。それは完全な間違いやな。これは違う。

九州新幹線を全部通すには、お金は兆の単位でかかるでしょう。ただ、それは、新幹線ができるための額やけども、それからあと、活性化する経済というものを考えると、それは、新幹線の用地代と工事代を超《こ》えた価値が、そこから生まれてくるはずなんです。それをやるのが国なんだよ。これは、民間では、とてもできない規模のことなんや。

だから、そういう意味で、「財産《ざいさん》として残るもの、その後《ご》のインフラや国の発展のために残るものにかけたお金は投資であって、いわゆる経費じゃないんだ」

という考えは持たないかん。

要するに、国の財政赤字も、基本的に、あとでリターンがないものに対してやってる借金は赤字と思えるけれども、あとに残るものについての投資は赤字とは思わん。

だから、鳩山《はとやま》の考えは間違っとる。

「子ども手当」とか「老人福祉《ふくし》」とか言うて、いろいろ、ばらまこうとしとるとは思うけれども、これ、全部な、あとで返ってこないもんだ。

「コンクリートから人へ」っちゅうけども、コンクリートのなかには、あとあと国を発展させるために必要なものがある。

今、中国なんか、北京《ペキン》も上海《シャンハイ》も高層ビルの山じゃないですか。だから、中国人が日本を見たら、「ビルが低いなあ」って言うとる。「中国のほうが発展している」って威張《いば》ってるわけや。ほとんど建築制限やね。それから、またさらに「コンクリートを無視して人へ」なんて言っていたら、もっと建たんようになるでしょうね。日本は、二流国に落ちていこうとしているわけですな。

やはり、地権者が強すぎてね、なかなか建たないんでしょう、いろいろなものが。国がもっと強くないといけないよな。

社会主義国家では、土地の収用なんか簡単ですからね。国家の政策で、いくらでも建っちゃう。これは社会主義の強いところでしょうけれども、今の友愛政治では、全然、強くないでしょうね。住民が一人反対しただけでも建たなくなるでしょうね、おそらく。やはり、国家のビジョンがないからだね。

最終的には宇宙産業まで持っていかなければいけないんだから、そういう意味でのインフラの部分については、「こんなものは赤字じゃない」と割り切って、ここんところを切り離《はな》して考えたほうがいい。

消えてしまうものが赤字です。残るものは赤字ではない。あるいは、生産手段もの。だから、防衛産業のところも赤字じゃない。ものをつくり出す生産手段として使えるもんなら、これは赤字では決してないと思う。

単なる同情のために撒《ま》くような金は、ほどほどにせよ

だから、銀行が貸さないんやったら、国家が出せばいい。国庫からお金を出して、それをつくればいい。それには、日銀券を発行したらいいんだよ。日本は、もう、これだけの規模なんだから、独自で経済原理をつくるだけの力はありますよ。十分にある。

中国は、発展してるように見えても、まだ、経済的には、本当は足腰《あしこし》が弱い。よう分かっとらんところが、いっぱいあると思う。農村部なんか、全然、分かっとらんし、都市部の今の発展も本当はバブルだと思う。で、いずれ崩《くず》れてくると

わしは思うよ。いずれバブルが崩壊《ほうかい》する。それを経験する。日本は、先進国で、バブル崩壊は経験済みやけど、これから、あそこはバブルが崩壊するので、そのあと、ものすごい不況が中国には来るはずです。これを二つぐらい通り越《こ》さないかぎり、日本のところまでは、彼《かれ》らは来ることはできない。だから、中国を先進国だと思ってモデル化したりしたら間違いですよ。

基本的に、私は、あとに残るものは赤字とは思っておらん。「生産手段をつくるもの、それから、インフラ系の、将来の発展のためにつくるものは、赤字ではなくて国の財産である」というように、考え方を改めなさい。「そうすると、国の借金が全然違ってくるでしょう」ということだね。

単なる同情のために撒《ま》くような金は、ほどほどにしなはれ。怠《なま》けとるやつについては、鞭《むち》打って働かしなさい。汗《あせ》を流して働きなさい。貧しさもまた善である。貧しいからこそ、働いて、お金を稼《かせ》ごうとする。それは勤勉な資本主義精神なんや。それを取り戻《もど》さないといかん。

戦後も、ずっとそうだった。戦前も、そうだった。戦前には、東北なんか、娘《むすめ》まで売り飛ばしてた。それに比べれば、まだまだ、そこまでは行ってませんよ。そこから努力して、ここまで来たんだから。まだ、娘を売り飛ばすような時代じゃない。だから、まだまだ、この辺の貧しさで文句を言ってちゃいけない。もう一度、立ち直って頑張《がんば》れということだね。

駄目《だめ》な教育に金をかけるのは、ただの無駄遣《むだづか》い

教育に金をかけることもいいけども、教育自体に生産性があれば、教育に金をかけることは投資になりますが、教育そのものが駄目《だめ》な場合には、これに金をかけても、ただの無駄遣《むだづか》いです。教員は全国に何万、何十万もいて、あ、百万ですか？　ものすごい数だよね。ものすごい数の教員にタダ飯を食わしてるような状

態になったら、これは駄目です。

私の考えは、基本的に、日本で、あんなに塾《じゅく》や予備校が流行《はや》ってるのを見たら、「学校教育は〝破産〟している」というのが実態だと思いますね。学校が、もしうまくいってたら、あんなに塾や予備校が繁栄《はんえい》するわけがないんですよ。

塾や予備校は高いです。それに親が金を出してる。出さなかったら競争に勝てないから、そうなっているんでしょう？

学校自体が本当に税金の無駄遣いになってるのは、もう明らかなんです。これを改革しなきゃ駄目なんです。根本的に学校を改革しないかぎり、学校に金なんか投入しちゃ駄目です。

学校や教育のところを補助金漬《づ》けにして、働かない教師に給料を払《はら》い続ける。これは駄目です。これは、根本的に、民営化するなり、廃止《はいし》するなりしていかないと駄目です。

就職時期を延ばすだけの高学歴には意味がない

それと、鳩山さんなんか、親の金をもらって、大学も出て、海外留学までさせてもらってるんやろうけども、私は、高学歴やからええとは思っとらんですよ、全然。

高校からあとの勉強は難しいですよ。私は、見ても分からん。分からんような難しい勉強をいっぱいやっとるわね。全然、分からない。私らみたいな電器屋でも、物理とかは分からん。化学も分からん。数学も分からん。一般的《いっぱんてき》には理系に当たるようなもんやろうけど、全然、分からん。分かるのは経営だけや。

そやけども、高校の教育の内容でさえ、実社会に出たら、本当は、ほとんどの人が使えない。使えない内容の教育をやっているわな。

だから、みんながみんな、高等教育を受け、高校から大学に、大学から大学院に行く世界がええと思うたら、間違いでっせ。これねえ、絶対に間違いでっせ。それが、ちゃんと、世の中の役に立って、世の中を発展させるようなもんだったらええけども、そうじゃなく、ただただ就職の先延ばしをしてやね、働く人口を減らしとると、親の脛《すね》をかじっとるというだけだったら、こんなの、君、間違いですよ。

私は、小学校も出てないんだから。それでも大企業《だいきぎょう》をつくった。まあ、中学校ぐらいまでは行ってもええかもしらんけれども、高校全入制なんて間違いですよ。高校のカリキュラムは難しすぎます、どう見ても。

高等教育を受けたい人は、それを勉強したらええけども、それは、まだ職が決まっていないために、いろいろな勉強をするんでしょう? 職業を決めるのを先延ばししてね。

でも、中学までの間《あいだ》に適性が見えてきてる人もいるよ。例えば大工なら大工の適性が見えた人は、もう大工の修業に入ったほうがええに決まってますわ。だから、決して、高校に行くことが必ず善だとは、わしは思わんね。まあ、専門学校等は、あってもいいかもしれない。そういう、職人の専門学校ね。美術系。それから、いろいろな技術系。ドイツなんかは、そうだよね。マイスターっちゅうんかな、そういう親方は、ものすごく尊敬されてる。だから、そういう技術系の学校に、手に職を付けるために行くっていうのは、悪いことじゃない。

高校進学率で今の九十五パーセントから百パーセントを目指していて、そして、大学も同じように上げていこうとしてるんだろ？

でも、ほとんどは、大学に行って、麻雀屋《マージャンや》に通うとるで。雀荘《ジャンそう》に通って遊んどる。このために、親は金を送って、さらに国費も投入してやっとるのやろ。こんなの、国として大赤字ですよ。

教育の生産性が高ければ、そういうところは残してもいいけども、生産性の低いところについては、やはりペナルティは課さないかんし、全員が全員、そんなにやる必要はないよ。

鳩山みたいに、工学部で、外国の大学だか大学院だか知らんが、そういうところを出たからって、国家の経営なんかできてないよ。それは、やはり、実際の、実地の経営をやった人のほうが上だよ。彼は、やったことはない。だから、そういう人にやらせなきゃいかん。

そういう研究者がいることを私は否定しないよ。一部いることは否定しないけれども、みんながそうなることが幸福だとは思わない。

アメリカ合衆国みたいに、大学院を出て、ＭＢＡを取って、ガソリンスタンドの店員をやってる人がいるような国がええとは私は決して思わないんだよ。それは活《い》きてないもん。その投資と本人の努力が、全然、活きていない。

それが、ちゃんと、国の発展や世の中のためになるならいいけども、大学院に行き、修士や博士の資格を取ったのに、中卒でも十分にできる仕事をしているような人がいっぱいいいるよ。そんなのがゴロゴロといる。あるいは、失業者が山のようにいる。こういう国のつくり方は、やはり間違いだね。

だから、本当に高等教育に向いてる人や、そうした研究者用の人は必要だと思うけども、全員がそっちになったら駄目だっちゅうことだよ。

高学歴の人は、みんな、どっちか言うたら、奪《うば》う方向にあるんだ。人の金、人の協力、国家の協力、いろいろな人に支えられて高学歴になっとるわけで、そういう意味での「奪っていく傾向《けいこう》」がすごく強いので、国民に対し、国家に対し、恩返しをしなきゃいけない。その気持ちを忘れていき、自分の踏《ふ》み台にだけしていこうとする傾向が非常に強いね。

私なら、「今の公教育は倒産《とうさん》状態にある」と認定する

教育のところの生産性は徹底的《てっていてき》に洗い直す必要があります。

私でしたら、もう、「今の公教育は倒産《とうさん》状態にある」と認定します。

ですから、競争させて、生産性の高いところは残してもいいけども、それ以外のところは、もう売り飛ばすということですね。塾でも予備校でも、学校ぐらい買ってくれるでしょうよ。お任せしたらいい。

夜やる必要なんかない。夜、予備校に子供が行き、夜遅《おそ》くまで勉強するのは、疲《つか》れて大変でしょう。だから、昼間からやったらいい。

大きな予備校はいっぱいあるんでしょう？　予備校や塾がいっぱいあるなら、学校を売ってやったらええよ。国で、それを助成してやり、それこそ、朝から塾や予備校で教えたらいいんだよ。本当に、わしはそう思うね。

あるいは、学校を大きな会社が買ったっていい。学校を企業に買ってもらい、経営をちゃんと見てもらったらいい。もう国が見る必要はない。国や地方公共団体が経営を見る必要はないので、企業にもう経営してもらったらいいよ。経営をちゃんとしてもらい、教師の出来《でき》のよし悪《あ》しを見てもらって、出来の悪いのをクビにし、いい教師を入れて、出世させ、子供をちゃんと教える。そういうふうにさしたほうがいいね。

教育は徹底した不採算部門です。不採算部門のところに、今、税金を投入しようとしてるんでしょう？　これは間違っている。徹底的に間違っている。ここそ、洗い直しをしなきゃいけないところです。

そして、やらなきゃいけないのは基幹産業のほうだね。これは、きちんとやらなきゃいけない。「コンクリートから人へ」という考えは、聞こえはいいけども、実際は間違ってる。私は、それをはっきり言っておきたいね。国家の全体的なところは、そういうところだね。

規制を撤廃《てっぱい》すれば、都市には、まだまだ発展の余地はある

それから、「経営者は、これから、どうすべきか」ということやけど、上が悪いときには本当に大変だと思う。

でも、生き残ることはできるよ。まだ、これでも自由主義陣営《じんえい》のなかに属してはいるのでね。社会主義国家として宣言はまだしていないので。社会主義のにおいは、だいぶあるけども、まだ社会主義の宣言はしていないから。

そうだねえ、今の政権に、もし、いいところがあるとしたら、役人のところを攻撃《こうげき》しているので、これが、小泉さんなんかがやったように、役人の力を弱め、規制を撤廃《てっぱい》するみたいな方向に動いていくなら、それなりに道はあると思うな。

「役人の力を弱くして政治主導にする」「政治に主導権が必要だ」ということが、

規制撤廃の方向、役所の規制が強すぎて民間が自由に働けないことを解消する方向に動くなら、私は、そんなに悪くはないと思うので、まあ、そういうことを望みたいけどもね。それだったら、いろいろなことができる。

規制が多すぎますから、いろいろなことでね。

例えば、農地一つを取っても、会社は、なかなか農地を買えないんでしょ？　今は、借りるぐらいまでが限度でしょう。

そういう規制がいっぱいあるし、宅地とか工業用地とか商業用地とかだって、いろいろあるんでしょう？　こんな規制がいっぱいある。

東京だって、低いビルがいっぱい建ってるね。平屋建てが建ってたり、二階建てが建ってたりするなかに、突如《とつじょ》、大きなビルが建ったりして、でたらめな都市計画をやってますよね。規制がいっぱいあるんでしょうね。

規制撤廃を、もっともっと大胆《だいたん》にやらないかん。

都市には、まだまだ発展の余地は十分にあるはずだよ。

女性のキャリアプランが復活する社会システムをつくれ

「将来的に、どうなるか」ということやけど、まあ、一時的には老人人口が多くなるから、老人向けの産業が三十年ぐらいは隆盛《りゅうせい》を極《きわ》めると思う。老人向けの健康産業や長寿《ちょうじゅ》産業が三十年ぐらい発展すると思う。

そちらのほうの仕事をやった人は企業《きぎょう》を発展させられると思うけど、三十年後あたりから潰《つぶ》れていくはずや。老人人口が減ってくる。やはり、寿命《じゅみょう》で死ぬからね。だから、バタバタバタバタッと次は潰れていく。

もう一つには、今、どの政党が政権を取ったとしても、人口増政策は、たぶん必要になるはずなので、その人口増政策にかかわる企業群をつくっていく必要はあるだろうね。民間の知恵《ちえ》を結集してやればできますよ。

女性の本能だってだね、「子供を一人しか産みたくない」とか、「子供を産みたくない」とかいうことは、本当は本能に反しているはずです。本能に反してるけれども、その本能に反してるものが、どうして出てきているのか。それを考えてみないかんわね。

やはり、いったん職業を辞《や》めたら元へ戻《もど》れないし、戻ったとしても、昇進《しょうしん》に対して非常にマイナスに働くからでしょう。

だから、子育ての期間に職から離《はな》れても、子供が手離れしてきたら、キャリアプランが復活すると。例えば、大学に入るなり、社会人用の学校に入るなりして、勉強し直すこともできれば、途中《とちゅう》から会社に入っても、エグゼクティブと言うんか、よう知らんが、経営陣《じん》に入っていけるような道をつくる。そういう社会システムをつくること自体はできると思う。これはできる。

これをやってやれば、安心して子供を産めるはずですよ。

託児所《たくじしょ》を設けた会社の法人税は安くする

それから、じいさん、ばあさんたちは、仕事がなくて二十年もぶらぶらしてるのが現状ですから、じいさん、ばあさんの戦力をうまく活用する方法を考えることができれば、きっと、もっと子供を産めるようになると思う。

例えば、老人ホームと託児所《たくじしょ》を一体化し、セットで増やしていく。こういうことをしていけば、余計な国費を使わないでも、やれるようになる可能性は高いでしょうね。老人ホームと託児所を一緒《いっしょ》に運営していく。できたら、企業がビルを建てるときに、一緒につくったほうが早いかもしらんね。「老人ホームと託児所を一緒につくったら、法人税を大幅《おおはば》にまけまっせ」というふうな感じかね。

企業には六十歳《さい》定年ぐらいのところが多いやろうけども、六十を過ぎて辞めたあとも八十ぐらいまで生きるね。

だから、「退職した人用の老人ホームに相当する施設《しせつ》をつくり、また、子供の託児所等も、その会社に勤める人用につくって、女性が子供を出産できるようにした会社については、法人税を徹底的《てっていてき》にまけまっせ。サービスしまっせ」というふうにやったらやね、問題が全部、解決してくるよ。

法人税は四十パーセントぐらいはあるでしょう？　それに、事業税とかを加えれば、半分近く取られとるはずやから、これを大幅にカットしたら、老人問題と子供問題は両方とも解決する。

また、会社が学校を買収したってかまわない。そうしたら、会社の託児所で育った子供たちや、会社の学校に通った子供たちは、大人になってから、その会社に入ることは多いだろうね。そうしたら、自分たちの好きなように戦力を養成できるよ。適性のある、自分たちの会社で欲《ほ》しいような人材を教育したらいいわけですからね。

企業に自由を与《あた》えれば、まだまだ未来は拓《ひら》けますよ。

やはり、女性が子供を産みたくない理由を解決することが大事やね。それをせないかんと思いますね。

転勤の際に家族も付いていけるような支援《しえん》を

もう一つは、あれやと思うんですよ。

女性が働いて地位を得、重要な仕事を持つようになったときには、アメリカもそうらしいけども、男性が単身赴任《ふにん》とかになると、家族の遊離《ゆうり》が始まるよね。

そのときに、パートみたいな仕事やったら、女性は辞めて、男性に付いていけるけども、重要な仕事をしてたら、辞められなくて、それで別れることになる。

アメリカでも、ワシントンとニューヨークとかに別れて生活するようになったら、やはり離婚《りこん》になってしまう。

こんなパターンだよね。女性がキャリアを求め、出世しようとしたら、離婚になるパターンが多いよな。

これに関しては、まだ打つ手はあるんと違《ちが》うかなと私は思うな。

一つは、やはり、もっと交通インフラの整備をして、便利さを増すことだ。それが一つやろうし、それから、子育て支援《しえん》についてのネットワークを、もう一段つくることですね。

例えば、普通《ふつう》は、子供の学校とかが問題になるけども、ランクが同じぐらいの学校であれば転校できるようにし、親の転勤に合わせて子供も移動できるようなシステムを全国的につくっていけば、教育の面も楽になる。

それと、キャリアを持っている女性が、夫と一緒に住むにしても、キャリアに見合う、それ相応の職業への転職が容易になるような方法はあると思うんですね。そういう方法をつくることはできると思うんです。それを国家プランで練ることだよね。

残業にも対応できるような託児所を駅に設置すべき

もう一つは、日本では、親が夜遅《おそ》くまで残業してるときに子供を預かるシステムがとても弱いので、ここのところをもうちょっと努力していくことやね。それがいい。

まあ、でも、さっきも言ったように、会社のなかで子供の面倒《めんどう》を見るところまで行けば、かなり解決することはあるな。だから、一つには、会社がやる場合がある。

それと、会社にあまりにも負担がかかりすぎる場合は、会社に近い駅なんかに、子供の世話ができるようなものをつくればいい。

最近、駅で託児所みたいなのが少し流行《はや》ってるけども、日本の駅を見たら、ものすごい貧弱やね。京都や名古屋は、ちょっと立派な駅が建ったけども、駅の開発が遅《おく》れているね。

「駅は電車の通過点、乗降場所や」と思ってるからだけど、やはり、駅は便利な場所なんだよ。電車の通過場所だと思わないで、宿場だと思わなきゃいかん。宿場と思えば、開発は、もっともっとできるわけだ。

会社の最寄《もよ》りの所で、子供の世話をできるような施設を、もっともっとつくっていく。そういうことをすれば楽になるかな。

今言ったように、「子供が増えるような方向での産業の育成は可能だ」と、わしは思うし、「どの政党が政府をやろうと、結局、それはやらざるをえないやろう」と思う。

移民を「良き日本人」に変える産業が発生する

もう一つ、「移民の問題」も出てくるね。そらあ、移民問題は必ず起きるだろうし、良質の移民に変えていく努力をする産業が必ず起きるね。

移民は必ず入ってくる。アフリカからでもアジアからでも、いくらでも入ってくると思うけれども、単に入れるだけでは、国が貧乏《びんぼう》になったり、治安が悪くなったりすることで、デメリットが非常に多くなるんだろう?

だから、移民たちを「良き日本人」に変えるための産業は必ず発生するはずだな。これをやらなきゃいけない。これは、かなり大きなマーケットだ。移民の人口が多ければ、そうとう大きな仕事が発生すると思う。これは必要だと思う。

まあ、移民を入れるぐらいのことで、「移民は嫌《いや》だ」とか「移民は怖《こわ》い」とか言うんやったら、やはり、日本人をもっと増やすべきだと思うね。

財政赤字を減らし、子供を増やすための〝個人的な提案〟

日本人をもっと増やすべきやから、わしは思うんやけど、どうやろうか、日本人の何割かは税金（直接税）を払《はら》ってないんとちゃう？　何割もの人が払ってないんやろ？　これは、おかしいやないか。

選挙は一人一票やろ？　一人一票で同じなのに、税金を払っていないのが何割もいるんじゃないか？

三割か四割か、わしは正確には知らんし、半分は超《こ》えてないと思うけど、四割ぐらいの人は税金を払っていない。これ、おかしいよ。

一人一票で、しかも、ちゃんと国や地方公共団体の世話を受けているんだから、基本的に、税金を払うように努力したほうがええと思うし、会社も、みんな、税金を払うように努力せないかんと思うね。

国民も会社も、みんな、たとえ一円であってもいいから、税金を払う習慣を付けたほうがええと思うな。そうせないかんと思う。「税金は嫌だ」と逃《に》げるんじゃなくて、税金を払う。最初の産業報国精神じゃな。

税金を払っとらん国民は、よろしくない。

選挙に勝つために、課税最低限をずいぶん上げたな。上げすぎたと思う。選挙で票を取るために上げていき、それで税収が減り、赤字になってるところがあるので、少なくとも、「税金を払うことは国民としての義務」と思って頑張《がんば》る人、努力する人を増やす必要はあるな。

年収百万でも、五万やそこらぐらい税金を払えますよ。みんなが、少しでも税金を払おうとする国に持っていかなあかんと思うな。

それから、結婚・離婚のところも、流動化してきていて難しいんやろう？

いや、これは、わしの個人的な提案やから、社会的に受け入れられるかどうか知らんけど、例えばの話やで。企業家《きぎょうか》、経営者としての思いつきやから、道徳的に、宗教的に、どう判断されるか、わしは知らんけども、昔から、大名だとか豪《ごう》商《しょう》だとかには艶福家《えんぷくか》が多かったじゃないですか。そして、今、結婚しない女性が、いっぱいいるじゃないですか。引き受けてやったらいいじゃない。そしたら子供は増えるやろ。これで人口を増やしたらいいんだ。

「税金を一千万以上払う人は何人でももらってええで」と言ったら、みんな、税金をどんどん払う。

「税金を一千万以上払ったら、何人と結婚してもかまへん。重婚罪なんてないよ。一千万以上払ったら、何人でももらってください。子供は何十人いてもかまいまへん。国家的に補助しますから、頑張ってください」と言ったら、まあ、あんた、もう、財閥《ざいばつ》の山ですよ。明治のときみたいに、三井《みつい》、三菱《みつびし》、住友《すみとも》のような財閥が、うじゃうじゃできてきますよ。

まあ、これは企業人のアイデアだから、宗教的、道徳的にどうかについて、わしは責任が全然持てないし、バッシングをされるかもしらんので、「幸福実現党の政策にしろ」とも言わんが、「税金を年に一千万払ったら、何人と結婚してもかまへん。子供を何人産んでもかまへん」と、まあ、こうしたらええねんや。

「余っとる」と言うのはいけないかもしらんけど、都市部では、結婚してない人がいっぱいいいるやろ？　収入がないために結婚できない男がいて、働きたいために結婚したくない女がいるんだろ？

収入のない男が結婚できるわけがないやないか。だから、税金払う男が引き取るしかない。そしたら、子供の数は増える。

その仕事のない男は子守でもするしかない。子守の仕事したらええ。子育てね。まあ、そういう仕事でもすりゃあ、十五万ぐらい給料をもらえる。新しい産業をつくれる。

これが神様の考えかどうか、よく知らんけども、財界人として考えるなら、「国の財政赤字を減らして、子供を増やすんなら、この手がいちばんええ」と思うな。

わしも実践《じっせん》したけどな（笑）。これ、活字にされたら困るかな（笑）。わしも、ちょっと実践したことはあるけども、だいたい、お金が余ったら、普通はそうなるで。［注］

財界人で、あんた、そらあ、あれやで、収入が億《おく》あって、財産が何千億もあったら、「養ってほしい」っていう人が寄ってくるわね。それは当たり前や。一人一票で縛《しば》られてるんだから、たまに見返りが何かないといかんで。税金をいっぱい払っとるんやからね。

一千万、税金を払おうと思うたらやね、年収はどのくらい？　二千万は要《い》るかね、今のところはね。年収二千万以上の層をいっぱいつくるんや。そうしたら、国の税収が増える。国の税収が増えて、その税収は、税金を払ってない人たちを助けるためにも使えるわけや。わしは、そんなふうに思うけど。

もっと財閥《ざいばつ》やお大尽《だいじん》、英雄《えいゆう》をつくれ

日本の国教がいったい何なのか、よう分からんので、何とも言えんけど、キリスト教だったら責めるらしい。イスラム教ならオッケー。たぶん、日本神道《にほんしんとう》もオッケーね。

だから、天皇《てんのう》陛下を戴《いただ》く日本神道は、本当はオッケーのはずなんだけども、日本は敗戦で占領《せんりょう》され、キリスト教に〝折伏《しゃくぶく》〟されてしもうたために、昭和天皇の代から〝キリスト教化〟してるんやな。

明治天皇は、お妃《きさき》以外に側室を持っておられた。大正天皇は側室の子や。正室が子供を産めんかったから、そうなったけども、それは、百二十何代続いた皇室の血統を続けるために必要なことであったやろうな。

今の会社なんかでも、子供の出来《でき》・不出来で、幸・不幸がすごく分かれてますよ。出来の悪い子しか持ってなかったら、あとで会社が潰《つぶ》れるんだよ。日本の会社の九十何パーセントが同族企業や。だから、親から子に譲《ゆず》るのが普通だけども、出来の悪い子ができて、いっぱい会社を潰しとるんや。子は出来のいいのがええ。何でもええから、出来のいいのがええんですよ。

そういう意味で、「税金を一千万以上払ったら、結婚は自由です。なんぼでも、どうぞ。イスラム教の人数を超えてもかまへん」というのが、わしの考えやな。

わしは、そこまではやらんかったけどな。わしゃ、〝公式〟には、ちょっとしかやってなくて、イスラム教までは行《い》っとらん。まあ、財界人として普通ぐらいのところまでしか行っとらんけどな。

まあ、あんたがたには、ちょっとやりにくいことかもしらんけども。

現実には、イスラム教なんかも、あれらしいじゃないですか、「奥《おく》さんは四人までいい」とか言うとるけど、本当は、裕福《ゆうふく》な人しか四人はもらえないんじゃないの？　貧しい人は、やはり一人しかもらえないんじゃない？　イスラム教も一緒だよ。これは、きっと人類普遍《ふへん》の法則だよ。

日本は、敗戦の影響《えいきょう》でキリスト教にやられてるけども、キリスト教はキリスト教で、裏で何をやってるか分からんからね。あまり信じすぎたらいかんような気がするな。

これは活字にならんかもしらんなあ。でも、ページ数が足りんかったら活字になるかもしらんし、まあ、責任は松下幸之助にある。

ただ、日本の文化ではマスコミがうるさすぎて、ちょっと困るな。広報部が非常に困っておったようではある。ただ、嫉妬《しっと》だな。嫉妬がある。その嫉妬は、やはりマルクス主義に通じるもんじゃ。

実際、マルクス主義の毛沢東《もうたくとう》がどうだったかいうと、毛沢東は、それはそれは精力家だったらしい。

英雄は、やはり、どうしてもそうなるんだな。だから、あまり目くじらを立てたらいかんのじゃないかのう。わしは、そう思うがな。

明治の元勲《げんくん》たちも、みんな、そうやったようだ。

敗戦の痛手で、みんな、みすぼらしくなりすぎとるんと違うかな。

もっと、財閥《ざいばつ》をつくるなり、お大尽《だいじん》や英雄《えいゆう》をつくるなりするように頑張るべきじゃないかね。わしゃ、そう思うがな。そうすると、グワーッと活力が出てくるんじゃないかな。

何だか、にわか成金《なりきん》が出てきて、あぶく銭を稼《かせ》いだら、すぐ捕《つか》まえに行ったりするような風潮が流行《はや》っとるけども、あれだって資本主義のはしりなんだよ。だから、そういうことに嫉妬する公務員体質は、あまりよろしゅうないんじゃないかな。

社会主義国の中国でも、現実には、わしが言うたようになっとるよ。海に沿った所には大金持ちがかなり出てきていて、日本人とは違い、億の付くような車を乗り回しとるよ。そういう人は、お大尽をしていますよ。

あちらのほうが資本主義をやっちゃってるからね。だから、国全体で嘘つき体制やね。「建前はこう、本心はこう」と、日本人みたいになっている。日本人のほうが、ちょっと、今、本音と建前を使いにくくなってますね。

国民や会社が税金を納めたくなるような国にせよ

そんなところかな。まあ、わしは、需要《じゅよう》・供給の経済原理から話をしてしまった。

よく分からんけど、未来においては、必要なものは発明されるやろうと思っておるし、考え方がふたをしてるんやったら、変えたほうがええんと違うかな。

基本的には、税金は、一人ひとり、あるいは、すべての会社が納めるべきやと思う。

「税金を払いたくなくて赤字をつくる」っていうことは許されない。本当にどうしても避《さ》けられない赤字の場合は、しょうがないけども、いつもいつも赤字なんていうのは、基本的に許されないと思わないかん。税金は、やはり納めるべきやと思うな。どの会社も納めるべきやと思う。

日本という国で、この国土で、国民を使わしてもらって、貴重なお金を使わしてもらって、商売をやらしてもらってるんやし、外国と貿易をするんだって、それは国の力もあってやってることやからねえ。それから、航空会社や船舶《せんぱく》会社、商社など、いろいろなもんのおかげで商売ができとるんやから、お返しせないかんですよ。

この国に住んでいくための税金だよね。だから、国民や会社のほうから税金を納めたくなるような国にせないかんと、わしは思うな。

やはり、「今縛られているものをちょっと外していって、必要なものをつくり出していく」ということやね。それが大事やと思いますな。あんたにとって有利か不利かは知らん話やけどな。

まあ、十分には話せんかったかもしらんけど、こんなんでええかな?

C——　ありがとうございます。

［注］ジョン・P・コッター著／金井壽宏監訳・高橋啓訳『幸之助論』（ダイヤモンド社）には以下の記述がある。

「彼は一人の女性と結婚して七〇年以上連れ添った。ごく一般の基準に照らせば、この結婚は成功だと言えるが、同時に、少なくとも一人の愛人と数十年間にわたって別の家庭を営み、四人の子をもうけていた。」（二十二ページ）

第2章

事業繁《はん》栄《えい》のための考え方

二〇〇九年十二月十七日　松下幸之助の霊示

［質問者四名は、それぞれＤ・Ｅ・Ｆ・Ｇと表記］

1　霊的《れいてき》世界と経済繁栄《はんえい》の関係

大川隆法　それでは、おとといに続きまして、「松下幸之助の霊言《れいげん》」の第二部を始めます。前回漏《も》れている論点等を詰《つ》めていきたいと思います。

天上界《てんじょうかい》から松下幸之助氏をお呼びして、お話を伺《うかが》いますが、前回と同じく、通常の説法、法話《ほうわ》とは違《ちが》い、松下幸之助個人の見解、考え方で質問にお答えいただきます。そのため、私自身の考えや、幸福の科学の教義、基本的な考えとは、ずばり一致《いっち》しない面もありますが、それについては、ご理解いただきたいと思います。

また、教団のあり方や教祖の考え方、行動等に批判が出るかもしれませんが、それも松下幸之助個人のご意見としてお聴《き》きしたいと思いますので、ご了承《りょうしょう》ください。

もっとも、亡くなられてから二十年ほどたっており、現在ただいまの時事問題等に答えるに当たっては、多少、知識的な補足が要《い》るので、松下氏が私の頭のなかから知識の補給をして答えることはあると思います。ただ、考え方の組み立ては、あくまでも松下幸之助本人のものなので、そのようにご了解《りょうかい》いただきたいと思います。

よろしいですか。では始めますが、多少、前回と違った面を出していただければありがたく思います。前回は一方的に語るかたちが多かったので、何か訊《き》きたいことがあれば、ときどき、途中《とちゅう》で質問を差し込《こ》んでもかまいません。二回目で慣れてきていると思うので、かなり聴いてくれると思います。

では、松下幸之助氏にご霊示《れいじ》をお願いいたします。

（約七秒間の沈黙《ちんもく》）

わしは、あの世から幸福の科学を指導している

松下幸之助　あ、松下です。きょうは、どんな話かな？

D――　松下幸之助先生、本日は、前回に引き続き、貴重な機会を賜《たまわ》りまして、本当にありがとうございます。

松下幸之助　いやいや。あんたは礼儀《れいぎ》正しいな。

D――　よろしくお願い申し上げます。私のほうからは、経済繁栄《はんえい》と宗教、あるいは霊的世界とのかかわり……。

松下幸之助　あ、むつかしいや。ほんなの電器屋に分かるわけないやろ。もうちょっと分かる言葉で言うてくれんかいな。

D――　はい。松下幸之助先生は、ご生前、まったくゼロから身を起こし、さまざまな経営課題を乗り越《こ》えられ、松下電器、現在のパナソニックを、従業員数三十万人を超《こ》える一大企業《きぎょう》グループにまで発展させられました。

そして、ご帰天されてから現在に至るまで、霊天上界から私ども幸福の科学を経営面からご指導してくださっています。

松下幸之助　したよ。だいぶしたよ。うんうん。

D――　さらに、幸福の科学の研修施設《しせつ》である精舎《しょうじゃ》の研修や祈願《きがん》においても、公案《こうあん》や経文《きょうもん》というかたちで、数多くの霊示を降ろしてくださっています。本当にありがとうございます。

松下幸之助　やっとるよ。PHPにもやっとるけど、あっちは、わしの意見を直接は聴けんから、こっちにはよう出てるよ。

D――　ご生前のご生涯《しょうがい》をあの世の目でもって振《ふ》り返られ、また、霊界世界をさまざまにご見聞され、そして、今、経営系の指導霊として、地上の私たち、あるいは、世の縁《えん》ある経営者や企業人を霊界からご指導されており……。

松下幸之助　あんた、何だか宮内庁《くないちょう》の人間みたいやなあ。言葉は丁寧《ていねい》なんやけど、聴いてるうちに、なんや分からんようになってくるなあ。

D――　恐《おそ》れ入ります。

松下幸之助　もうちょっとポンポンと言うてくれんかなあ。

D――　はい。では、ストレートに申し上げます。「あの世の世界から見て、この世での経済繁栄というものは、いかにして起きてくるのか。そこに、あの世のご存在が、どのようにかかわり合っているのか」ということについて……。

松下幸之助　ああ、むつかしいなあ。あんた、頭良すぎるんちゃうかあ。うーん、ま、いいや。要するに、なんや、「あの世から、どういうふうに金儲《かねもう》けに協力ができるんか」ということかい？

D――　そうでございます。

あの世から見て、霊示《れいじ》を降ろしやすい人とは

松下幸之助　まあ、あの世の人は、なんぼ指導したって一円にもならんからなあ。自分たちの収入にはなんにもならんから、やってもやらんでも一緒《いっしょ》やし、指導しても感謝もしてくれんよねえ。だいたい、誰《だれ》が指導してるか分からんもんね。

分かるとしたら、あれや。神社・仏閣で祈願して、そのあとでなんかええことがあったとか、「神社で祈願して、有楽町で宝くじ引いたら一億円当たったで」とかいうたら、そら、神さんのご利益《りやく》や。これは、もう、はっきり分かるわな。それ以外は、普通《ふつう》、分からん。会社の運営等で、もし、わしが指導したとしても、

分かってくれんもんな。

だから、それは寂《さび》しいよ。いろんな企業があるから、知っとる人とか気になっとる人とかには、ちょこちょこと、インスピレーションちゅうんかな、アドバイスは、わしもしとるよ。

直接でけん場合は、その人の守護霊とかを通じて言うたり、その人が霊的に感じにくい人の場合は、その人に会う人を通じて言うたりする。

例えば、ある大きな会社の社長さんに本当はアドバイスをしたいけども、「この人には霊示が降ろせん。この人は霊感がない」という人がいるわな。だけど、わしとしては「助けたいな」と思うとる人はいる。大事な会社やし、「このままではあかんな」と思うから助けたいけど、いかんせん、霊感がない。

その場合には、お客さんなり、商売相手の社長さんなり、そういう人に会うときに、そちらには、感じる人がおるわけや。経営者のなかには霊感のある人がおるからな。だから、その人の言葉を借りてアドバイスしたりすることはある。「神様から霊示が降りてきた」と言われたら、信じんかもしらんけども、自分の商売相手の人が貴重なアドバイスをしてくれたら、「ありがとうございました」と思って聴くやろ。

だから、そういうかたちで、まあ、わしらも、出所《でどころ》っちゅうか、「アドバイスを降ろせそうなとこは、どこか。どこなら行けそうか」というのを見ながらやっとるよ。

天上界から見たら、そういう人っちゅうのは、信仰心が非常に強い人やね。経営者とかでも、信仰心の強い人には、やはり、アドバイスは降ろしやすいよな。信仰心のない人には、とても降ろしにくい。

信仰心があって、いい宗教なんかやってる人には、やはり、降ろしやすいわな。ある程度、心が反省できて、「世のため、人のため」みたいな感じで生きとるような人っちゅうのは、すごく指導しやすいわな。

そういう人は、あの世から見とったら、なんちゅうんかな、松下電器の裸電球《はだか》みたいに……古いかな、二股《ふたまた》ソケットの裸電球みたいに、パッパッパッと光が頭から出とるんや。これは行ける。後光がポッポッポッと出てる人は、わしらがインスピレーションを降ろしても、だいたい分かるな。

ただ、その人の「格」が足りん場合は、やはり、直接は無理で、その人の守護霊を通じて言ったりすることが多いな。

この世で会社の規模はいろいろあるから、わしがアドバイスしたいと思うても、会社が一定の規模にならんかったら、ちょっと無駄《むだ》になることもあるんやな。わしの考えなんかは、考え方がちょっと大きいなりすぎとるのでな。

会社の規模が、あんまりちっちゃすぎると、アドバイスしても空《から》回りしてしもうて、相手が受け止められんいうことがあるわけよ。

そういう意味で、もうちょっと、経営者が、わしのアドバイスを受けられるぐらいの器《うつわ》に成長してくると、ちょうどええわな。

そういうことをやってもやなあ、わしらがアドバイスしとるっちゅうことは、なかなか分かってもらえん。分かるのは、幸福の科学の経営祈願みたいなもんでな。それで、「松下幸之助特別霊指導」なんて、たまにやっとるわな。あのあと感謝しとるかい？

D――　はい。

松下幸之助　ほんまかな。しとるかどうか知らんが、でも、いちおう、「松下幸之助が指導してるんやろう」と、みな思うてやってくれるから、うまくいった場合は、気持ちはええよ。

松下幸之助神社ぐらいはあってもよい

わしは、ほんまは神社ぐらい建ててもらわないかんと思うとる。軍人さんとかは、東郷《とうごう》神社とか乃木《のぎ》神社とか建っとるけども、松下幸之助神社ぐらいは、ほんまは、あってもええんや。けど、今、会社があるから、「もし潰《つぶ》れたら神様になれへん」と思うて、みな怖《こわ》がっとるわけや。だから、ほんとは、あのぐらいはあってもええと、わしゃ思うな。

だけど、もうパナソニックになりおったで、「パナソニック神社」というのは、これ、ご利益ないやろなあ、たぶんなあ。

こりゃ、あかんな。もう、これ、宗旨替《しゅうしが》えやな。もう、これ、あかん。ちょっと寂しい。「神様になり損《そこ》ねるかもしらん」と思って、ちょっと心配はしとるけどな。

まあ、いいや。わしのことは、ええんや。ただ、日本のことがほとんどやけども、この世の経済的な繁栄っちゅうのは、わしゃ、強う願っとるよ。

わしは「経営繁栄の伝道師」みたいなもの

幸福の科学の神さんのなかには、ヘルメス神《しん》っちゅうんかな、これは教祖さまと一体の方みたいやけども、このヘルメス神っちゅう人は、資本主義の元祖みたいな人やな。資本主義、自由主義、経済繁栄、こんなものの元祖みたいな人やな。こういう人が、幸福の科学のなかには、でんとしていらっしゃるので、この宗教は、やはり日本を救うと思うな。

わしもＰＨＰ運動で日本の繁栄をつくろうとした。あれは一種の神様運動なんや。松下幸之助を神様にする運動で、言ってみれば宗教やな。一種の宗教やったけど、やはり、電器屋のほうが重うて、どうも神様になれんけども。

ＰＨＰの代わりは、幸福の科学さんが、そのヘルメス神さんのご指導による宗教的繁栄をたぶんやってくれるもんやと、わしゃ信じとる。だから、ＰＨＰだけを指導せんと、あるいはパナソニックだけを指導せんと、幸福の科学さんのほうも応援《おうえん》しとる。わしの指導を直接聴いてくれるんで、思うように日本を繁栄に持っていけると思うとるわけや。

それは、儲《もう》かるわけでも何でもないけど、でも、うれしいんや。

わしらは、戦前の昭和恐慌《きょうこう》や戦争中の配給制の貧しい時代も知っとるし、ＧＨＱに財閥《ざいばつ》指定をされて追放され、つらい思いをしたときもある。社員の終身雇用《こよう》を言ってたのに、泣く泣く辞《や》めてもらわないかん時期もあったしなあ。つくりたあないのに、「わしらにはつくれん」と言うたのに、軍の命令で、船だの飛行機だのつくれと言われて、えらい苦労して試作品をつくったこともあるけどな。まあ、いろんなことがある。

「戦後の荒廃《こうはい》から、この日本を立ち上げよう」思うて、ＰＨＰという精神運動と、電器屋を通じての経済繁栄との、両方を実践《じっせん》したんや。

この両方で、「戦後の日本を立て直したろう。この荒廃した国を、なんとかして立て直したろう」と思うて、何十年もやって、一部に影響《えいきょう》は与《あた》えたけど、一部には、「ただの成金《なりきん》で、成り上がりもんや」と思うて反発する人もおる。「小学校中退ぐらいで偉《えら》そうに言うな。成り上がりやろ。金を儲けただけやないか」というふうに思うて反発しとる人もおるやろ。

大企業のエリートや社長さんなんかは、みんな、ええ学校出て、頭良うて、事務ができて、組織できっちりと仕事ができとるから、わしの言うことなんか、「そんなの商売人の考えや」言うて、聴いてない人もおるやろな。

でも、生涯の喜びとしては、「経営の神様」みたいに、みんなに言われたというのは、うれしかったな。それは、やはり、それなりにうれしかった。

経営の神様と言われたのは、「自分のとこの会社だけでなくて、日本全体の経営再建の手伝いができた」というようなことであったし、わしは、惜《お》しみなく経営手法や経営哲学《てつがく》っちゅうものを公開して、みんなに教えたんでな。

ほんとは、教えんようにして隠《かく》すんやけど、いちおう引退後やけどもな、うちとしては、できるだけ発表して、ほかの会社も同じように成功するように言うたんや。

これは、わしの喜びだわ。

だから、まあ、わしは「経営繁栄の伝道師」みたいなもんやな。

幸福の科学は、教祖さまは偉《えら》いが、弟子《でし》は鍛《きた》え方が足りない

あんたがたの宗教には、繁栄みたいのが入っとるからな、そこんとこは、お手伝いできると思うとるよ。

だけど、おたくの教祖さまは、わしよりもずっと偉《えら》い人やから、あんたがた弟《で》子《し》に言うとかないかんことは、「松下幸之助が生前受け取ったぐらいの名声よりは上でないとあかんで」ということや。

わしは、死んでからも、ある程度、尊敬はされたけども、生きてるうちに、〝生き神さん〟じゃないが、「経営の神様」として、ある程度の尊敬を日本中から受けたよ。学歴もなく、成り上がりやったんやけどな。

だけど、おたくの教祖さまは、もっともっと大きな仕事をなさろうとされとるんやから、松下幸之助以上に有名になって人から尊敬されんかったら、そらあ、弟子があかんかったんやで。それは明らかに弟子の努力不足やで。その辺をよう知っとらなあかんで。

あんたら、かなりぶら下がっとるで。わしはそう思うな。だから、あんたら、もうちょっと鍛《きた》えんと、これ、あかん。

教祖さまは偉いけど、弟子はあかん。弟子は、全然、鍛え方が足りとらんね。教祖さまは優《やさ》しすぎて、弟子が鍛えられとらんね。ほんまは、もっとビンビンに叱《しか》らなあかんのや。

だから、「○○軍曹《ぐんそう》立て！　直れ！」っちゅうて、ぐわぐわっと怒《おこ》らないかんのや。

「こら！　おまえは精舎の責任者やろが。平日、人が来とらんぞ。どうするんや。平日も人で埋《う》めんかい。埋めれんかったら、おまえクビや！」っちゅうて、やはり、三時間、四時間と叱ってやったら、ちょっとは尻《しり》に火が付いて頑張《がんば》るんやけども、「給料払《はら》えたらええ」ぐらいに思うとるから、その辺があかんのや。

だから、教祖さまのエネルギーが無駄になっとる。ええ公案とか、ええ祈願もあるし、ええ教えがいっぱいあるのに、みな、つまみ食《ぐ》いしとるのやないかな。そりゃ、あかんで。そりゃ、あんたらの信仰心が足りんのや。

大宇宙の神秘——大ベストセラー・シリーズ

あなたは、この一冊に出会うために生まれてきた。

太陽の法

エル・カンターレへの道

創世記や愛の発展段階、悟りの構造、文明の流転、多次元宇宙の神秘を明快に、かつ体系的に説き明かした仏法真理の基本書。すでに6ヶ国語に翻訳され、全世界に愛読者を持つ現代の聖典。

2,100円

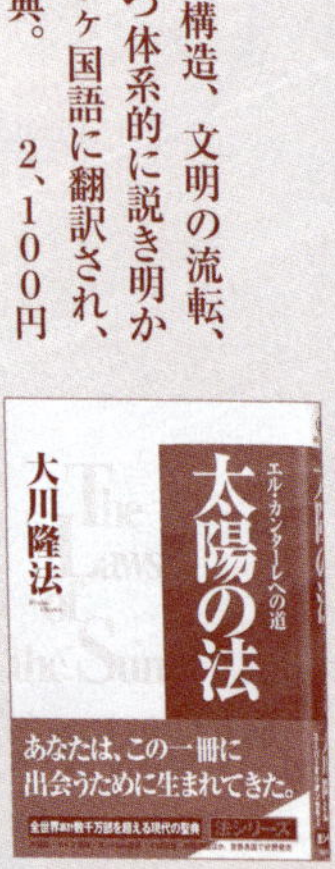

いま明かされる、仏の目から見た歴史の真相。

黄金《おうごん》の法

エル・カンターレの歴史観

あなたの常識を覆す、壮大なスケールで開示された過去・現在・未来の真実！ 偉人たちの転生を西洋、東洋、日本に分けて解説し、人類の未来をも予言した空前絶後の人類史。

2,100円

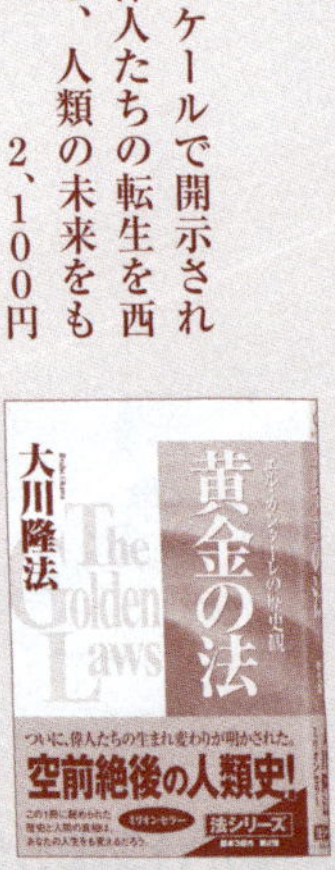

「あの世」のしくみが、すべて明らかに！

永遠《えいえん》の法

エル・カンターレの世界観

死後まもない人が行く世界から、神秘のベールの向こう側にある救世主の世界まで——。これまで隠されていた「霊界」の全貌を明らかにした衝撃の書。

2,100円

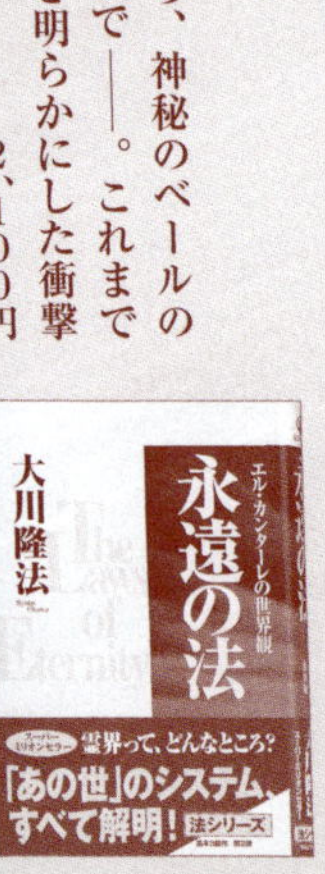

これは、松下電器で言やあ、「うちの製品は大したことありまへん」言うてるようなもんや。「電球つくりましたけど、一万個も売れたら、みんな食っていけるんですわ」言うような感じかなあ。

でも、エジソンさんに訊いたって、そんなんじゃないと思うな。エジソンさんに訊いたって、「電球で世界中を明るうしたい」と絶対に言うと思うな。「アフリカの村まで電気を通して、電球を点《つ》けたい。世界中、明るうにしたいなあ」と、エジソンさんやて、そう思うはずや。

ＧＥや松下電器も、そんな感じや。「製品がこれだけ売れたら、みんな食っていけるから、まあ、ええです」みたいな考えは持ってへん。

やはり、「できるだけ広げたいなあ」という気持ちや。例えば、洗濯機《せんたくき》をつくったら、「このええ洗濯機を日本国中に広げたいなあ。よそさんにも、ええのがあるやろうけども、よそさんに負けへんでえ。もっともっとええもんつくったでえ」という気持ちやなあ。

これがなかったらあかんと思うんやけど、まだ、あんたらのとこは、サラリーマン根性が抜《ぬ》けとらんなあ。「給料分だけ働いたらええ」と思うとるやつがいっぱいおる。これ、バシバシ叱らなあかんなあ。叱ってもらわんと働かんのがいっぱいおるんだよ。

ああ、何の質問やったんかいなあ。

D―― はい、経済繁栄とあの世の世界とのかかわりというか……。

イエスやその弟子たちには金儲《かねもう》けをする力がなかった

松下幸之助　ああ、うんうん。だから、今回は珍《めずら》しいとわしゃ思うんや。宗教っちゅうのは、普通は貧しくて、貧乏《びんぼう》なのが多いな。お釈迦《しゃか》様のとこも乞食《こじき》みたいに托鉢《たくはつ》しとったし、イエス様のとこも貧しかったよな。貧しくて困ってて、「金持ちは天国に行けけん」とか何か言うとるんやろ。

わしは『聖書』はよう読んどらんから知らんけども、「金持ちが天国に行くのは、ラクダが針の穴を通るより難しい」と、そんなこと言われたら、わしゃあ天国に行けへんがね。

だけど、それは、イエス様は嘘《うそ》を言うとるね。わしは天国に還《かえ》っとるから、嘘や、これ。こんなこと言うたら、金持ちになりたい人なんか、誰もおれへんやろ。みんな金は要《い》らんようになる。それは違うわ。

あれは、そう言うて金持ちに金を出さそうとしたんや。間違《まちが》いない。「金持ちは天国に行けんぞ」言われたら、金を持ってる人は、みんな慌《あわ》てて宗教の教団にお布施《ふせ》するやろが。それが目的や。間違いない。

「金持ちしとったら、天国に行くのは、ラクダが針の穴を通るより難しい。そりゃ、あかんわ。わしは天国行けんなあ。こりゃ大変や」と思って、喜捨《きしゃ》したり、お布施したりする。

まあ、それが狙《ねら》いやな。間違いない。

でも、金持ちもちゃんと天国に還っとるわね。だから、金を持っとること自体が悪いっちゅうんやったら、それは間違いや。

あれは弟子が商売熱心すぎるんやな。キリスト教では、自分ら自身は稼《かせ》げんからね。金持ちをいじめて、「地獄《じごく》に堕《お》ちるぞ」と脅《おど》したら、金持ちは、いっぱい出してくるから。

まあ、ものすごい熱心な商売やったんやろな。だけど、それは、はっきり言うて嘘やで。「イエス様やその弟子たちには、金儲《かねもう》けするだけの力がなかった」というこっちゃな。

托鉢はインドの文化なんやろうから、あれやけど、お釈迦様だって、わしゃ、事業家やったら十分に成功した人やろうと思うよ。

だけど、ああいうふうな山林修行をして、托鉢で生活するっちゅうのは、当時の風習やからね。当時の修行者の風習をまねただけやから。

お釈迦様が、「いっちょう、事業でも起こしたろか」言うて、「新しく事業を起こして、金を儲けながら伝道する」という考えを持っていたら、そういうことはできたやろうと思う。

だけど、インドに生まれて、インドでやっとったから、当時のヨガや、いろんな風習、修行者のスタイルに、だいぶ影響されたやろと思うんやな。

事業家的な才能のある弟子がいないと、教祖の負担が重くなる

だから、宗教家はあんまり儲かっとらんし、アッシジの聖フランチェスコという、貧乏を地で行ったような人がおったけども、あんな人も、ものすごい尊敬さ

れとるんやろ？　貧乏だと、なんか宗教家は尊敬されるようなとこがある。最初は、みな、そういう誘惑《ゆうわく》にかられるんや。そういう清貧の思想っちゅうかな、「貧しいけど、霊的には豊かだ」っちゅうのに、最初は、みな惹《ひ》かれるんや。

これは、個人でやっとる分には、ええんや。個人的には、かまへん。

だけど、本当に、「教えを広げたい」っちゅう強い思いがあったら、組織ができるやろ？　組織ができたら、やはり、組織を維持《いじ》し拡大していく力がなかったら、その、せっかくのええ教えを、日本中に、あるいは世界中に広げるっちゅうことは、でけへんわけやな。

そういう意味では、「お金を儲けたら、地獄に堕ちるぞ。天国に絶対行けへんぞ」みたいな思想を、もし教団のほうが持っとったら、それは「教えを広げたあない」と言っとんのと一緒だよ。

それは無理や。だって、お金がなかったら、新幹線に乗れんもん。「歩いて伝道する」というのもあるけども、これは、もう、江戸《えど》時代やな。

だから、キリスト教みたいに、「金持ちは天国に行けん」「教団が金を儲けたらあかん」と誤解しとるような宗教もあると思うんやけどもね。

たいていの場合は、金持ちに金を出させるために言うとるんであって、教団が貧しくなりたいために言うたら、その教団は発展せんのは確実や。教祖さまの悟《さと》りがそこまで行っとらんとこは発展せんやろうな。

わしは、幸福の科学は、もっともっと大きいなってええと思うし、そういう意味では、もっともっと財政的にも豊かであってもええと思う。

会社でも、もっと大きいとこは、いっぱいあるよ、お金の面ではな。お金っていう意味では、もっともっと大きいとこがいっぱいある。ものを売って人を幸せにしているとこはあると思うよ。そういうとこは、いっぱいあるから、わしは、それを否定せんよ、事業家としてはな。

だけども、あんたがたは、もっと大事なものを教えようとしているんや。だから、そのための軍資金は、もっともっとあったってかまへんと思うんやな。

そういう意味では、宗教的な気持ちを持ちながら、事業家的才能があるような人も、数多く弟子におらんかったら、教祖さまの負担がものすごく重うなってしまう。それで、生前のわしほどの尊敬も得られずに終わってしまったら、かわいそうや。

わしは、ほんと、そう思うな。今の百倍ぐらい有名で、百倍ぐらい尊敬されんかったら、わしより偉いとは、ちょっと言えんのとちゃうかな。まあ、長生きしたら、そうなるんかもしらんけども、ちょっと弟子の力が足りんのとちゃうか。

あんたら、もっと給料が安かったやろうが。給料が安かったから、その安い給料の頭で、「これ以上、儲けたらあかん」と思うとるんや。それ、洗脳が入っとるんや。あんた、その洗脳を、反省して取らなあかんで。「教団が力を付けんかったら、この教えは広がらへんで」と、やはり思わなあかんねえ。それを信者や外の人にも、しっかり教えなあかんで。

ほんまに松下幸之助が霊指導してるんやったら、そら、日本中の財界人が、みんな、幸福の科学の総本山や、何とか精舎や支部に、ぞろぞろ来ますがな。ねえ。みんな来るよ。ほんまに来て、わしにお願いせないかんとこや。な。

それ、まだそれほど来とらんっちゅうことはやなあ、仕事になっとらんわ。信者の企業だけしか来とらんようでは、まだあかん。ねえ。

日本一の大企業みたいのが、ぞろぞろ来てね、「トヨタの社長やけども、円高で苦しんどります。どうしたらええんでしょうか。幸之助さん、教えてくださ い」言うて、正心館《しょうしんかん》で一生懸命《いっしょうけんめい》おこもりするようであったら、これ、ほんもんや。

ここまでやらんかったら、大川隆法は、そら、偉あなれへんで。あんた、そのぐらいまでイメージせんとあかんで。なあ。だから、仕事、足りてへん。

パパママストアみたいな、ちっちゃい企業の経営者がぞろぞろ来てねえ、社長や言うて、わしに祈願しとるんやろうが、こんなんも、まあ、あってもええけど、わしの指導じゃ、どうしようもない。

コンビニの店長さんの繁栄・発展だけを指導するのは、わしの「力に余る」じゃなくて、「力が余っとる」んや。これでは面白《おもしろ》うないわ。コンビニを全国展開するいうんやったら、わしには指導しがいあるがな。

こんなところやなあ。ほかに訊きたいこと、あるか？

D――　ありがとうございます。

松下幸之助　ええか。そんなもんか。じゃ、次行こか。

2　JAL《ジャル》は、こうして再建する

JALの再建は絶対に可能

E――　ありがとうございます。

私のほうからは、二点、質問させていただきます。

まず一点目ですが、今、世上《せじょう》を騒《さわ》がせているJAL《ジャル》、日本航空の再建問題について、ぜひ、お聞かせいただければと思いまして……。

松下幸之助　ああ、厳しいところを訊《き》いてきたのう。

E――　実質、債務超過《さいむちょうか》をしているということで、法的整理をするとか、しないとか、議論がずっと長引いて、結論を出せずにいます。漂流《ひょうりゅう》状態が年明け後も続きそうな雰囲気《ふんいき》が出ていますが、その議論の中身を見てみますと、根本的な議論を忘れているようにも見えます。航空産業というか、飛行機のような、時間を縮めていくようなものが……。

松下幸之助　あんたも頭が良すぎるなあ。ちょっと頭が良すぎるでえ。もうちょっと分かる言葉でポンポンと来なはれ。

E――　要するに、JALは、この国に必要だと……。

松下幸之助　JALいうんは日航やな。

E――　はい、日航です。先々の国の繁栄《はんえい》を考えたとき、日本航空は必要だと思いますが、そういう判断をしたときに、はたして現実に再建が可能なのかというところが……。

松下幸之助　これは可能や。絶対、可能や。うん。

E――　その絶対可能というのが、今のマスコミにも政治家にも分からないようなので……。

松下幸之助　それは、政治家がやっとるからや。政治家と役人が経営したら不可能や。

E——　一九八〇年代のヨーロッパのスカンジナビア航空とか、九〇年代のアメリカのコンチネンタル航空などは、ある意味で、今のＪＡＬよりもひどい状況《じょうきょう》だったのですが、一人の経営者が乗り込《こ》んでいったら、見違《みちが》えるように生まれ変わったので、やはり……。

松下幸之助　あんたも役人やったんやな？

E——　ええ。

松下幸之助　役人を批判したら傷つくやろ。そらあ、まだ出家が十分でないんや。だけど、役人批判するで、これから。

うん、まあ、いいや。うんうん。

Ｅ――　経済を成長させていくためには、時間を縮めていくようなサービスは必要だと思いますし、それはできることなので、国家経営の意思として、そちらのほうに向かって舵《かじ》を切るべきだと考えます。

そこで、経営の神様から見て、「ＪＡＬの再建は、こうあるべきだ。こうするのがいい」ということを、ご教示いただけるとありがたく思います。これが一点目でございます。

力のある経営者に再建を思い切って任せよ

松下幸之助　ま、一点目から行くかい。長くなるやん、なあ。

わしやったら、そうやなあ、ＪＡＬの再建を任されたら、何年やろ、ま、五年あったら十分やな。五年あったら再建できるな。黒字にできると思うな。うん。とにかく、国策企業《きぎょう》みたいになっとったら、もう、がんじがらめなんで、なんにも意思決定ができんから、あれでは、ちょっと経営的に厳しいな。

そらあ、やはり完全民営化路線にしないと。救済という名目で国や役所の管轄《かんかつ》下《か》になり、一個一個お伺《うかが》いを立てんかったらできんような状態やったら、スピード的に無理や。

だから、やはり、思い切って任さんと。力のある人にボーンと任して、全権を委《ゆだ》ねることや。「五年間任すから、あんた、好きなようにやんなはれ。資金の供給は、あんたの言うだけ付けたるから、あんたに任す」言うて、財界の、ある程度、経営手腕《しゅわん》がはっきりしてて、国民的にも、みんなが信頼《しんらい》できるような人にボーンと任して、一切《いっさい》、口出しせんようにせんと、まず、あかんわな。これ、前提や。これやらんと。

役人や政治家が経営するなんて、もう、目茶苦茶や。口を入れれば入れるほど、もう、目茶苦茶になるよ。

今、体育館で、「事業仕分け」だか何だか、やっとんやろ？　あんなんで、例えば、ＪＡＬの再建策、みんなで寄ってたかって、「ああする。こうする」とやられて、「何人減らす」「誰《だれ》をクビにする」「どこに予算を入れて、これをやめる」「この路線をやめて、ここは増やす」いうようなんやったら、もう全滅《ぜんめつ》やで。こんなの、ありえん。こんなんで経営は絶対でけんのや。

だから、知恵《ちえ》はあってもええけど、知恵を持っとる人から聴《き》いたら知恵は生きるけど、知恵を持っとらん人の意見を聴いたら、経営はでけへんで。

それは、例えば、タクシーの運転手に新幹線の運転やらしとるようなもんや。そら、無理やで。知識が違《ちが》うわな。

経営を実際にやった人、視野がもうちょっと広い人に、やってもらうことやな。

組織が大きいなったら、みんな、ほんと役所や国みたいになるけど、ＪＡＬにも、そういう気持ちがあったやろうと思う。まず、前提的に、この体質を変えないかん。

今、必要な資金を国が供給することは要《い》ると思うよ。資金を投入しなきゃ無理やけども、ただ、民間の事業家に全権を委ねないとあかん。これ、口出ししたら、もう、でけんようになってまうので、全権を委ねることや。

「全権を委ねる」っちゅうことは、経営方針と人事だな、その人が経営再建できるように、人事権を与えなあかんと思うんだ。

財界を、全部、見回して、ええ人がおったら、どっからでも引っ張ってくる。力のある人、社長級の人を、ほかの会社からいっぱい引っ張ってこなきゃあかんと思うな。ほかの業界からでもええし、もちろん、航空機に関係する業界の人も要ると思うけども、ええ人を引っ張ってきて、重役陣《じん》をつくり直さなあかんわな。

まあ、これが、まず第一や。

だから、政府や役所が、うーん、なんだい、今、国交省っちゅうんかな、そこが、あまり口を出さんことや。金は出してもええけど、口は出さんで、全権を委ねて、「人事もやってください。期間は、これだけです。五年なら五年で再建軌《き》道《どう》にピシッと乗せてください。これが条件です。その間《あいだ》は口を出しませんから、やってください」と言うことや。

まず、前提的に、これをやらんかったら、まあ、あかんやろうな。

みんなで、ああやって議論したり、国会で議論したりして、ＪＡＬの経営ができるわけがありませんよ（笑）。あんた、それ、無理や。それは無理やで。

こんなの民主制と関係ない、関係ない。これ、全然、関係ないんや。経済的リーダーシップとは、ちょっと違う。これは、もう、才能の問題がそうとうある。才能・経験の問題、知識の問題があるからな。

JALの再建ができるような人だったら、今、日本の首相できるよ、きっとな。日本の国も目茶苦茶やからな。

だけど、ま、いることはいると思うよ。だから、よう探して、当てはめて、その人に全権を委任して、ある程度、期間だけ区切る。これが第一段階やな。

足の引っ張り合いをしている組合の問題を解決せよ

第二段階として、わしは、やるべき工夫《くふう》が幾《いく》つかあると思うよ。

JALを悪うしたんは、組合が八つもあるからやとか言われとるわな。まあ、でも、それは、ある意味で当たっとると思う。

わしゃ、組合が要らんとは言わん。要らんとは言わんけども、ただ、八つは多すぎるで。

これは、もう、昔の安保のときの、「何とか派」対「何とか派」の内ゲバみたいな感じとちゃうか。

革マル派とか中核《ちゅうかく》派とか、いっぱいあったやないか。ああいうふうな感じで、革命運動やっとるけども、内部抗争《こうそう》で、お互《たが》いに殺し合うほうが忙《いそが》しゅうて、警官隊と戦うんかいと思ったら、お互いに頭を殴《なぐ》りおうてる。あの感じや。

組合が八つっていうのは、これ、ほとんどなあ、八岐大蛇《やまたのおろち》やねん。お互い、足を引っ張り合い、悪口を飛ばし合い、中傷合戦や。これ、あかんわね。

やはり、みんなの気持ちを結集して、一丸となって、「立て直す」という気持ちにならんかったらいかんわな。

組合が要らんとは言わんけども、まあ、会社が大きいとしても、せいぜい一つか二つぐらいにせないかんわな。「最低、生活を守れるかどうか」っちゅうとこぐらいだな。

でも、「今、会社自体がなくなるかもしらん」言うたら、もう、それどころでないで、これ。

それは、もう、トップダウンでかなりやらんかったら、あかんで。組合には、一時、ちょっと〝休業〟してもらわんといかんぐらいやな。まあ、でも、八つは多いで。八岐大蛇は歩けんで。どうやって歩くんだよ、ねえ？　だから、この組合の問題は、ちょっと解決せなあかんわな。うん。

ファーストクラスのサービスを充実《じゅうじつ》させよ

それから、もう一つは、根本的に、経営っちゅうんは、やはり、基本的なコストがあって、それに利益が乗らんかったら成功せんもんや。

だから、「国民の利便性に奉仕《ほうし》する」という目的はええけども、やはり利益を出さなあかん。基本的に、やはり、「利益を出す」という考えを持たなあかん。けど、「ただただコストの削減《さくげん》しとれば利益が出る」っていう考え方が、今の政権とちゃうか。だから、赤字路線を廃止《はいし》すれば黒字になると思うとる。「どっこい、そうでない」と、わしは思うよ。

赤字路線を廃止しても、組合がこんな強うて従業員を減らせないんだったら、赤字はもっと大きいなるで。

赤字路線でも、ある程度は稼《かせ》いどるわけやからな。本来、百パーセント稼がないかんところを、八十パーセントとか七十パーセントしか稼いでないかもしらんけど、利益が二、三十パーセント足りんのやろうけど、赤字でも、働いとる人は、給料の何割かは稼いどるわけや、ほんとはな。

だけど、その赤字路線を、ただやめてしもうたら、そもそもの売り上げがのうなってしまうから、そっくりそのまま従業員を削減せんかったら、これ、意味ないわな。削減して、さらに退職金も払《はら》わんようにせんかったら、これ、黒字にはなれへんよな。

だけど、その方向は、やはり発展の方向ではないわな。

基本的に、企業家《きぎょうか》として考えるべきはやな、付加価値や競争力の問題やな。

だから、わしが日航の社長やったら何するか。例えばの話やけどもな、やらしてもろうたら、どうするか。

まず、一点目はやなあ、やはり儲《もう》けなあかんから、まず、高付加価値サービスをつくり出すね。

今、ファーストクラスいうのが高くて、それが満員になりゃあ、飛行機一台飛ぶと言うとるんやろ。

まあ、「あれで満足しとる」と、なかの人は思うとるだろうけども、どこの会社も、ほとんど同じじゃないか。

あんた、飛行機に乗って、会社の違い分かるか？　全然、分からへん。みんなマニュアル主義やねん。「どこの会社の飛行機に乗っとんやろなあ」思うて、マークを見んかったら、全然、分からへん。個性がない。ほとんどマニュアルでやっとるけども、マニュアルでやるような仕事いうのはな、レベルが低いんやで。だから、そらあ、もう、研修に出さなあかんで。今はスチュワーデスて言わんのかなあ。なんや、なんて言うんや？

E――　キャビン・アテンダントです。

松下幸之助　難しいなあ。まあ、そういう人らにはなあ、もう、勉強に行ってもらわなあかん。

どこへ勉強に行くか。そらあ、もう、銀座のクラブや。新橋の芸者さんとこや。研修で送り込んでやなあ、「芸者を一週間やってこい」「クラブのホステスを一週間やってこい」と言ったら、サービスの本質が分かるよ。あんなマニュアルどおりやったら、そんなもん、客なんか、絶対、満足せえへんで。

ああいう新橋の芸者さんなんちゅうのは、一晩で一人の客から百万円ぐらい金を引き抜《ぬ》かんかったらあかんのや。そのぐらい抜かんかったらあかんぐらい、原価がかかっとるんや、ああいうとこは、なあ。

だから、札束を持っていかんかったら、全然、遊べへんよ。「旦那《だんな》はん、金持っとらへんの？　あかんなあ」「会社の経費で遊ぶの？　あかんなあ」「小遣《こづか》い持ってないの？　あかんねえ」「私に何か買ってきてよ」って、ま、こんな世界やで。

それがやれるぐらい付加価値がないと、「花代じゃ、持ってけえ」って、ポーンと百万円出してやれんのや。なあ。

ちょっと、そういうとこに行ってやなあ、マニュアルとは違うサービスの本質を、もうちょっと勉強せなあかんな。

頭が固い、固い。固いな。「国策会社で、これは必要があって飛ばしとるだけです。国が命じて飛ばしています」みたいな感じやな。

公務員気質みたいなんがあったら、みんな賄賂《わいろ》に見えるやろうけども、そりゃ、まあ、スチュワーデスさんに、客が花代を出したくなるぐらいにならんかったら、あかんのや。

お客さんが、「ええスチュワーデスやなあ。これはチップやらなあかんなあ」と、「君、良かったでえ。三万円あげるわ」言うて、ちょっと小遣い出すぐらいにならんかったら、ほんまは、あかんのや。

サービスが足りとらへんのや。全然、足りとらんのや。みんな紋切《もんき》り型や。だから、まず、高付加価値のとこをつくって、「良かったなあ。ＪＡＬのファースト、良かったなあ。こらあ、もう、一生の自慢《じまん》やなあ」って、こういう感じをつくらなあかんわなあ。

そうでなくて、ここに座っとってやなあ、「金持ちのお客さんがおったら、嫁《よめ》さんになろう」と思って、狙《ねら》って、ぴょこっと座ってんのが、いっぱいおるやろうが。

それは、あんたがたが言うとる「奪《うば》う愛」っちゅうやっちゃ。それ、あかんで。「独身の金持ち、おらんかなあ」「企業家で、ＩＴ産業で儲けたような、三十ぐらいの若社長で、金がジャラジャラしてんの、おらんかな。これをゲットして、嫁さんになれんかなあ」とか、だいたい、そんな欲望を持って座っとるんやろ?

あかん、あかん。そんなん違うんや。そういう心は捨てて、無私の心でもって、ただただ、ご奉仕するんや。そらあ、もう、空の上で三つ指突《つ》くぐらいの気持ちで行かなあかん。

「お客さん、お肩《かた》がお凝《こ》りなんと違いますか。ちょっとお揉《も》みしましょうか」

と、このぐらい言うてみいや。

だけど、ほんまは、外国へ行ったら十時間も十何時間も乗ってるし、しんどいよなあ。年取ったら、もう、体もくたびれるで。

だけど、そんなサービスもないやろ？　「ファーストの方《かた》にはストレッチルームがございます。ここに来たら、うちのええスチュワーデスが、ちょっと揉みほぐしてくれまっせ」って、そんなとこ、ないやろ？　なあ。やはり、ほんまは何も考えとれへんのや。

だから、「高付加価値の部分をつくれ」っちゅうことやな。ファーストのとこが埋《う》まったら経営再建はできるんや。まず、ファーストクラスを埋める工夫をする。

あとは、それに準じてやっていったらいいけども、「サービスの本質とは何か」を研究して、顧客《こきゃく》の満足を得ることを、最低限、考えないかんな。

日本型サービスが可能な機体の研究・開発を

労働組合がお互いに喧嘩《けんか》ばかりしてる、そんな阿修羅霊《あしゅられい》の固まりみたいなので、サービスなんかでけまへん。あかん、あかん。自分たちの欲得でやってるように見えたら、あかんですよ。

「給料を稼ぎたいだけです」「私ら、こんな劣悪《れつあく》な労働条件で、狭《せま》いとこでやっとるんです。もう、ほんと、しんどいんです」「足が太ってダイコン足になるんです。ダイコン足だから、転職しても、ほんと困るんです」と、こういう不満ばかりたまっとるんやろ?

狭いとこでサービスなんてできないんやったら、次の問題は機体の改造や。これ、やらないかんのや。

飛行機自体に問題があるんや。国産のジャンボ機はないやろ? アメリカのボーイングやら、外国のもんを買わされておるやろうが。なんか協定があるらしいけどな。これ、あかんで。政治的に力が弱いんや。

もう、国策で、国産のええやつをつくらなあかん。徹底的《てっていてき》に日本型サービスができる機種を開発せなあかんのや。この開発費用は無駄《むだ》にならへんで。

振《ふ》り袖《そで》で歩けるようにつくらんかい！　スチュワーデスが振り袖サービスぐらいやったら、あなた、外国の航空機会社に勝てる。

今は外国のまねしとるんやな。外国のまねしたってあかんわね。

振り袖サービスや。振り袖を見とうてなあ、外人がＪＡＬに乗りに来るよ。「一緒《いっしょ》に写真撮《と》ってもええか」って言うてくるよ。

振り袖で一緒に写真撮ったらええねん。バックも、富士山かなんか、東山魁夷《ひがしやまかいい》の絵みたいなもんとか、「ここは京の間《ま》でございます。京都の風景画ありまっせ」とか、そういうルームをいっぱいつくるんや。

そういうとこつくって、まずファーストクラスから攻《せ》めて、次、ビジネスクラスを攻めて、どんどん利益をあげて、このあたりの採算を黒字化するんや。世界には、いっぱい金持ちいるんや。お金持ちたちは、ええサービスしてくれるんやったら、なんぼでも出すでえ。彼らは力を持っとるから、ほんとは私費でも乗れるんや。

だけど、あかんのや、今のファーストいうのは。食べ物と酒だけやろ？

「ええワインですよ」って言うけど、自分でつくったんか？ 違うやろ。

「ええキャビアでっせ」って、そんなん、取り寄せただけやろうが。

そんなもん、あかんのや。なあ。食べ物も、あっためて器《うつわ》に移しとるだけや。

それ、あかんのや。

日本的サービスができるような機体の研究をして、国産の機体もつくらなあかん。アメリカでは絶対つくれんような飛行機をつくるべきや。日本的サービスができるような機体をつくんなはれ。

そら、できまっせ。絶対できる。考えたらできる。考え方のもとが、バスとほとんど同じやからな。「何人詰《つ》め込んだら、いくらになります」的な、こういう考えなんや。そうじゃないいんや。もっともっとリッチなサービスをつくらなあかんのや。

大統領専用機みたいなの、あるやんか。あんなの国内でも飛ばすんや。大統領専用機に日本の首相を乗せたって儲かれへんよ。だから、首相でなくて、金持っとる人や。金持っとる人の専用機なんか、ペーンと飛ばすんや。そりゃ儲かるで。だから、飛行機をつくるとこからいかないかん。そういう機種をつくるのと、サービスを徹底的に良くするところな。

それで、労働組合のほうも、ちょっと考え方を変えてもろうて、スチュワーデスさんに、芸者修業とホステス修業へ、ちょっと出てもらわなあかんね。

ＪＡＬの関連事業にも梃入《てこい》れが必要

あと、わしの思うに、おそらく、足を引っ張っとるんが、ＪＡＬの関連事業やな。たぶん関連事業がうまいこと行っとらんと思うんで、ここも梃入《てこい》れせなあかんな。ここも専門家を入れてやらないかん。

ホテルからその他《た》、いっぱいやっとると思うけども、黒字という話はあんまり聞かん。これは、どうせ、あれやろ、スチュワーデスやパイロットが泊《と》まるためにつくったんやろうが。ほんとは宿舎なんやろう。自分らがホテル代を払いたあないんで、ほんとは組合が強うてつくらしたけど、それだけではさすがにいかんので、一般《いっぱん》客も泊めとるんやろう。

けども、普通《ふつう》の一流ホテルに比べたら、おそらくサービスが悪いんで、客は不満をいっぱい持っとるんや。この辺で、もうちょっと利益を出す方法はあるはずや。

だから、関連事業のとこの利益の出し方を考えなあいかん。

それから、余ってる従業員も、ただクビにするだけではあかんのやで。もうちょっと関連事業で儲かるような事業をつくっていかなあかんと思うんやな。

あとは、そういうスチュワーデスさんたちは、けっこう競争が激しゅうて、ええ人が取れるから、ＪＡＬで人材派遣《はけん》業をやるのがいちばんええわな。

なかの教育をしっかりやって、みんな秘書かなんかに仕立て上げて、各会社に送り込むんや。「美人さんやで。英語もしゃべれるで。サービスええでっせえ。どうですか、社長秘書に」と言うて、全国の会社の社長のとこにＪＡＬから秘書を出向させるんや。出向させるか、転職させるんや。

そして、飛行機を予約するときは、みなＪＡＬや（笑）。ＪＡＬを予約するに決まっとるやないか。みな、ＪＡＬ、ＪＡＬ、ＪＡＬや。ＡＮＡ《アナ》の人おったらごめんな。例えばの話やから、ＡＮＡでもええんやで。

そういうふうにして、知恵を巡《めぐ》らしたら、なんぼでもいくんや。

飛行時間を縮め、他社との競争に勝て

もう一つは、他業種との競争があるやろ。例えば、「ＪＡＬはよそより十分《じっぷん》早く着きます」と宣伝する。「絶対、十分早く着けてみせます」とＰＲする。ビジネスマンは十分でも食いつくよ。十分早く着くったら、エコノミーの人でも乗るよ。

それは腕の見せどころやけども、ほかの車でも電車でも何でもみなそうや。みんな速いもの好きやもん。なあ。

だけど、「お客さまの安全を考えて、ゆっくり飛んどります」って言うんやろ？　それは勉強がまだ足りんのや。

例えば、乱気流に入らんように、「どのコースを飛んだら飛行機が揺《ゆ》れんか」ということを研究して、揺れないコースを通ったら、速く飛べるはずや。乱気流のなかに入ったりすると、飛行機が上下するから、飛ぶのを遅《おそ》うしないといかんのやろと思うんや。

そういうふうに、「どこを通ったら、うまいこと速度が出せるか」という研究をいち早くしてやね、それで高度を変えて、コースを選んで、「よそより、絶対、十分早《はよ》う着けます」と、こうやって言えば、もう、経営再建できまっせえ。

これは、まあ、宅急便と同じやで。早う着いたら、客は増えるがね。郵便局よりも早く着いたら、民間の宅急便のほうに行くやろう。おんなじや。

「JALは、絶対、十分早く着きます」と言やあ、よそも早うしようとして頑《がん》張《ば》るやろ。だけど、こっちも、もう一段、頑張るやろ。実は、この競争が発展になるんや。

飛行機の時間をもっと短くしていく。特に国際線はもっと速いほうがええわな。速ければ速いほど楽やもん。それはできると思う。ほんとは、もっと速く飛べる機械はあるんやから。たぶん、「安全性のために」って言っとるんやろうけど、技術革新をすれば、ちゃんと今の二倍の速度で飛ぶことができるよ。

だから、十分と言ったけど、それは最低限の話や。もし、もっと速い速度で飛べて、それでお客さまが不快感を起こさなければ、要するに、お客さんが飛行機に酔《よ》って吐《は》かなきゃいいし、機内サービスができればええんやろ。それはできるよ、優秀《ゆうしゅう》な機体の設計と、そうした運行コースのつくり方を上手にやれば。

だから、「十分早く着く」のは最低限だけども、もしかしたら、国際線とか、二倍の速度ぐらいは出せる可能性はあるよ。

まだ、あんた、空は、衝突《しょうとつ》するほど、そんなにいっぱい飛んでへんでえ。タクシーぐらい走っとったら、それはぶつかると思うけどな。今やったら、肉眼で見ても、めったに飛んでへんから、こんなん、めったにぶつかれへんよ。大丈夫《だいじょうぶ》。

だって、あれやろ、飛行機って、「百万回に一回ぐらいしか落ちん」とか言うとるやん。だから、ほとんど死なんのやろ、たまに大きな事故があるけども。

だけど、車なんて、もう、年間、何千人も死んで、けがする人を入れたら何十万とか百万とかやろう。そんな危険なものに、みな、乗って走っとるんやろ。

それに比べれば、ものすごい安全な乗り物なんやから、ほんまは。たまに衝突したら、「ごめんね」って、そのときだけ保険金をしっかり下ろしたらええんよ。

たまにぶつかるかもしらんけど、「うちは速度を上げまっせ。うちは倍速で飛びまっせ。マッハ二で飛びまっせ。アメリカまで五時間で行きまっせ」言うて、やってごらんなさいよ。そんなもん、客がみなこっちへ来るんは分かっとる。

だから、根本的に考え方を変えなあかんね。これ、企業家の発想が必要やねん。

それを妨害《ぼうがい》する人は辞めさせて、そういう機内のサービスの向上をせなあかんし、それと、「飛行機が安全で速い」っていうのは、やはり最高のサービスやな。「安全で速い」っちゅうのは最高のサービスだし、これは技術的には可能なはずや。で、機体の不具合で、スチュワーデスさんが「機内で働くのがきつい」とか、お客さんが「きつい」とか、いろいろ言うとるけど、機体の改善は、まだまだ可能なはずや。お客さんがもっと見込めるんやったら、たぶん、もっとリッチな機体つくれる。

それ、やるべきや。振り袖で歩ける機内な、そういうのをつくったら、そりゃあ、外人がみんな日本航空に乗り替《か》えや。間違いないわ。ユナイテッドなんか乗れへんで。それは間違いない。よその外人客まで取っていかなあかん。外人客まで奪ったら、あんた、国内の客が少なくても黒字になるやん。な。

ＪＡＬについては、まだ言いたいこともあるけど、そのぐらいにしとくか。

ほれから、もういっちょあるんか？

3　未来に価値を生むものとは

E――　もう一点は、まさに、今おっしゃった、「飛行時間が十分《じっぷん》早かったら、ビジネス客が飛びつく」というお話にかかわることです。結局、「高速道路や新幹線、リニア、空港など、時間を縮めていくようなものへの公共投資を行っていくことが、経営者や経済全体にとって、どれだけ価値を生むか」ということについて、政治家もマスコミも、なかなか理解ができないようです。

例えば、高校の無料化などの政策と、そのような「コンクリート」への投資との間《あいだ》で、お金の使い方の区別が全然ついていないように感じます。

そこで、事業家の視点から経済の発展を考えたときに、「交通革命型の投資というのは、将来的に非常に大きな富を生んでいくものなのだ」ということを、分かりやすくお説きいただけたら幸いです。

交通革命は経済規模を何倍にも引き上げる

松下幸之助　そらあ、君、そうやで。日本の戦後の発展の理由は幾《いく》つかあると思うけどな、それはみんな頑張《がんば》ったと思うけど、やはり新幹線は大きいでえ。新幹線が敷《し》けて、東京―大阪が三時間で結べたっちゅうのは大きかったと思うなあ。このおかげで、わしも助かったで。大阪から東京へ行くのが、ものすごう楽になったんや。ついでに京都にも止まってくれたから、ほんと助かったで。

昔は、あんた、寝台車《しんだいしゃ》やで。寝台車でゴトゴト行って、わしも大阪から出てって東京で営業したよ。重い商品を提《さ》げてなあ、東京へ来て、東京の問屋さんを回って、「これ買《こ》うてくれまへんか」言うて、それはえろうくたびれたよ。

東京に行って、売って帰ってくるのに、一週間のときもありゃあ、一カ月、東京を這《は》いずり回ったこともあるけど、そりゃあ、交通の便がええっちゅうことは、ほんまにええこっちゃ。

だから、新幹線がなくて鈍行《どんこう》列車だけやったら、もう、ほんと移動だけで一日仕事になる。今、新幹線があるから、移動は一日仕事じゃなくて、移動して、さらに仕事ができるようになるわな。次は、リニアになったらどうかって、日帰りで仕事ができるようになるわな。

ま、新幹線でも、無理したらできるけどな。新幹線でも朝早《はよ》う出て、乗って行って、仕事して、その日に頑張って帰れるけども、それでも、まあ、日帰りで往復したら、ちょっとくたびれるわな。東京─大阪ぐらい一時間で行けたら、ほんと、それは楽やろなあ。

飛行機は行けるんやけど、手続きがあかんな。あの手続きをもっと簡単にしたら、圧勝なんやけどなあ、ほんまに。新幹線が三時間のところ、飛行機で東京―大阪をほんとに一時間で行けたら、航空機は圧勝やで、これ、ほんまは。

だけど、あの手続きが下手で時間がかかるために負けとんのや。手続きの時間をかけたら一緒《いっしょ》ぐらいになるから、やはり新幹線で行ってまう。新幹線は、めんどくさくないもん。荷物検査ないもんな。パッと乗れて楽やもんね。で、本数も多いから、いつでも乗れるもんね。

さっきの話の残りになるけどな、手続きのとこも改善の余地があると思うな。行ったらすっと乗れるようにしといて、それで、そのままバスや新幹線に乗るような感じで行ったら、そらもう時間はさらに短縮や。こうしたら乗降客は増えるで。

まあ、でも、今は新幹線のことを言わないかん。

新幹線で早あなったけど、その前は鈍行で、その前は東海道五十三次や。こらもう、一カ月がかりか三カ月がかりか知らんが、一カ月ぐらいはかかったやろ。それから、大名行列な。「下にい、下にい」や。これはもう、経済は全然違《ちが》うわなあ、鉄道ができたっちゅうのは。

ペリーさんが黒船で来たときに、鉄道のレールと機関車を持ってきて実演してみせた言うとるんやねえ。そしたら、日本人は「びっくりしたあ」と言うとったけども、「こんな国に勝てんなあ」と思ったっちゅうけど、それは交通革命やな。

だから、アメリカに鉄道が走ったっちゅうことがアメリカの発展の原動力や。まずは、もとは馬車や。西部開拓《かいたく》の劇やな。そして、鉄道が走った。これは大きかったわな。その次は飛行機やな。

今、アメリカは、あのテロがあって、なんか、ものすごい警戒《けいかい》やっとるらしいから。かわいそうに、今、アメリカが後進国になろうとしとるのは、テロのせいや。テロは成功したんや。アメリカが自由の国でなくなって、ものすごい不自由な国になって、荷物検査やいろんな体の検査で、すごく不自由になってもうたな。もとのアメリカはそうでなかったわな。アメリカはバスみたいに飛行機をつくっとる国やったとわしは思うよ。だけど、日本はそっちへ行かなあかん。日本は平和な国なんやから、アメリカなんかと違って、もっとさーっと動けるようにしたらええな。

交通革命は大事ですよ。これは、もう、経済規模を何倍にも引き上げる。だから、新幹線の時代からリニアの時代に入ったら、経済規模は三倍になる。間違いなく三倍になる。この国のＧＤＰが三倍になるよ。

ま、リニアだけではあかんけどな。ほかのものも、もちろん、その流れに合わせて変えていかなあかんで。リニアだけが走っても、あとの接続が悪かったり、ほかのもののサービスが悪かったりしたら、それは意味がないけどな。

いや、交通革命は、ものすごい価値生むよ。

でも、さっき言った、「費用だけを削《けず》れば黒字になる」っちゅう考えからいったら、「新しいもん開発したら費用が要《い》る。だけど、これを削ったら赤字が減ります」言うて、費用を削ってしまう。開発の先送りな。

時間短縮とレベルの向上を目指せ

そらあ、あれや。この前もちょっと言うたような気がするけど、予備校や塾《じゅく》が流行《はや》っとるやろ？　それで、公立高校の無償化《むしょうか》をやると言うんやろ？

それなら、一つの公立高校を無償にしてね、今の公務員でそのまま教えさしたらええんや。そして、隣《となり》の高校は有償《ゆうしょう》にしてね、代々木ゼミナールでも何でもええけど、予備校の先生が来て教えてくれると。その代わり、年百万円、ちゃんと頂きまっせと。二つ並べてみたらええねん。お客さんがどっちに流れるか。絶対、百万円のほうに流れるから。

タダやからええっちゅうもんでないんや。やはり内容なんや。子供に学力を付けたい親御《おやご》さんは、絶対、ええほうを採るんや。間違いない。そういうふうに付加価値を生まないもんには未来性がないんや。

だから、未来に価値を生むもの、要するに、時間を縮めるものと、レベルを上げるものやな。時間を生むもの、時間を短くするものと、内容のレベルを上げるものには、将来性があって、GDPを必ず大きくする。そして、国の収入を増やす。

GDPが三倍になったら、国庫に入る税金は少なくとも三倍にはなるんですよ、今のままでもね。税収が三倍になるんや。

今、税収は四十兆とか五十兆とかだろうけども、GDPが三倍になったら百何十兆の税収になるんや。百何十兆あったら今の国の借金返せるんや。時間の問題や。だからGDPを上げるのを政府目標にせなあかん。そしたら解決するわな。

宇宙産業と軍事産業が日本の民間企業《きぎょう》を強くする

日本は、宇宙もそうやし、軍事も、ものすごく遅《おく》れとると、わしは思うけども、その軍事や宇宙をやらんかったら、そういう交通革命は、ほんとは起きんのや。軍事や宇宙のほうに出ようとしたら、やはりスピードとの競争に絶対なるんや。

軍事のほうでは、スピードの遅《おそ》い戦闘機《せんとうき》は、速い戦闘機に絶対勝てんのや。マッハ三のスピードで飛ぶ戦闘機に、マッハ二で飛ぶ戦闘機は絶対勝てんのや。これはもうはっきりしとるんや。速いやつには絶対勝てんよ。

だって、向こうは、攻撃《こうげき》だけしてパッと逃《に》げるんや。追いつけへんもん。弾《たま》を撃《う》ったって当たらへん。だから、戦争の場合は、速いやつは絶対勝つんや。速くて効率のいいやつは絶対勝つんや。

軍事っていうのは、必ず民生用に全部使えるようになっとるんや。これが今のアメリカの強さなんや、ほんとはな。

だから、アメリカが日本に軍事のほうをやらさんというのは、日本の民間企業《きぎょう》がもっと強うなるからなんや。

アメリカも、ほんとは、日本が戦争するなんて思うとりゃせんのや。ほんとはそうなんやけど、日本が軍事研究をして技術力を持ったら、アメリカを超《こ》すようなもんをつくる可能性があるんや。

それを民生用に転用されたら、アメリカの産業は負けるんや。自動車産業がやられたように、ほかんとこも全部、日本に取られるんや。航空機産業とか、それから軍事産業もな。アメリカは、それが怖《こわ》いんや。

だから、「アメリカが守ったるから、日本は憲法九条を守っとけ」言うて、後《あと》押《お》ししとるんや。実は、アメリカの産業が日本に負けるからや。ほんとはな。だから、軍事と宇宙のところはアメリカが入れたがらんとこやけど、ここをやらなあかんで。

今、鳩山《はとやま》さんがせっかく日米同盟を壊《こわ》してくれようとしとるんやろ？　それは、ほんとは危ないんやけども、ある意味ではチャンスやで。「鳩山はあかん」と思うけども、鳩山が壊したあとに、軍需《ぐんじゅ》産業のとこをちゃんとつくったらええんや。

そしたら、日本の民生産業は、全部、繁栄《はんえい》して、日本は〝独立〟できますよ。国として独立して、産業界の活性化が全部できちゃうので、壊すんだけやらすなら、やらしたらええよ。そのあと、「独自にやらしてもらいます」ということやな。

迎撃《げいげき》ミサイルとか、アメリカから買っとんやろ？　あんなの日本でつくれるに決まっとるやないか。つくれるよ。つくらさんようにしとるだけや。「日本は武器をつくりまへん」と言うて、つくらんだけや。つくったら儲《もう》かるもん。そしたら、国の収入にもなるし、雇用《こよう》いっぱい生むもんな。

だから、ほんなもん、今、ある意味ではチャンスやで。民主党はたぶん失敗するから、その失敗の穴を狙《ねら》って次の仕事をしたらええんや。そういうことやな。まあ、国民に分かるやらどうやら知らんけど、ただ、きれいな言葉で言やあ、「国としての自主独立路線をつくるなら、ちゃんとやんなはれ」ということやな。だから、未来は、時間を縮めることと、成果を上げるもののほうに必ず軍配を上げるっちゅうことや。うん、ええかな。

社会主義では〝横綱《よこづな》〟がいなくなる

相撲《すもう》取りで言やあ、横綱《よこづな》の給料が高いのは当たり前なんや。幕下の人に横綱と同じ給料払《はら》ってみいや。観客怒《おこ》るで。そうやろ。横綱の太刀《たち》持ちしとる人と横綱の給料が一緒やったら、どうや。おかしいやろ。おかしいと思わんか。

これが社会主義や。共産主義や。それが分からんのや。これが正しいと思うとるんや。こういうのが政治勢力のなかに入っとるんや。

あんた、幕下と横綱の給料を一緒にしたら、誰《だれ》が横綱をしますか？　横綱の給料が高いんは、そら、強いからや。強くなるのは希少価値やな。お客さんは強いやつを見たいんや。ほんとは自分も強うなりたいけど、なれんから、代わりにベーンとぶん投げてくれるやつを見て、スカーッとするんや。それを見に行っとるんや。弱い横綱なんか見たあない。金取れへん。強けりゃ強いほどええんや。そしたら給料上がる。それでええんよ。そしたら彼らも一生懸命《いっしょうけんめい》やる。

弱いやつに補助金を与《あた》えて、「かわいそうやなあ、弱くて。生活苦しいやろ。だから、横綱の給料を半分減らして、弱いおまえらにやろう」とやってごらんや。まず相撲協会は潰《つぶ》れるで。

そういうことを今の政権はやろうとしとるんや。それは考えが間違《まちが》っとるで。やはり、努力し才能ある者を認めなあかんのや。

野球の選手だけは、なんぼ取ったって文句言えへんのやろ？　何億円取ったってな。自分はなれへんからね、ええのやろうけど、やはり、そういう横綱や野球の選手と一緒で、強い者、力ある者は高い給料取ったらええんや。

そういう意味で、ばらまき型のやつというのか、社会主義、共産主義の考え方は、基本的に間違いがあるんや。野球選手とか横綱なんかになる人がいなくなって、みんな草野球みたいなレベルっちゅうか、みんな普通《ふつう》の町の相撲取りみたいになるんや。

だから、思想戦で勝たなあかん。勝たないと発展はせん。横綱は給料が高くてもええで。もっと給料上げたら、もっと強いのがモンゴル以外からもやってくるで。ロシアとか、ほかからもやってくるで。レスリングやるのやめて、相撲を取りにみんなやってくるから。ほんとはそうや。

その辺、お金の使い方を知らないかんな。そういう「最低ラインを上げる」っちゅうのは、ある程度はええけども、働かんもんをあんまり優遇《ゆうぐう》する考え方は、基本的には、わしゃあ、間違いやと思う。

それは資本主義に反するし、人類の幸福につながらへん。だから、それをあんまり言うやつを大きく取り扱《あつか》ったり応援《おうえん》したりするのは、考え方の間違いや。そういうところが、実際は国民を苦しめとる。

ま、あんた、長くなるから、この辺でやめるで。

E――　ありがとうございました。

4　天命や天職をどのように探せばよいか

F――　ご指導まことにありがとうございます。

松下幸之助　うん。

F――　若者の声を代弁して、二つほど質問させていただきたいと思います。まず、これから日本の繁栄《はんえい》を実現していくに当たって、若者たちがいちばん関心を持っていることは、「自分の適性は何なのか」ということです。

先般《せんぱん》、「民主主義は繁栄主義である」というお言葉も頂きましたが、若い人たちが、それぞれ自分の適性を花開かせていけるような社会を、つくっていきたいと思っています。

しかし、二十代で自分の適性が分かっている人もいれば、分かっていない人もいます。そこで、「自分の天命や天職を、どのように探していけばよいのか」ということについて、ご指導いただければ幸いです。

世間の評価だけで就職を決めるなかれ

松下幸之助　はい。あのなあ、わしゃ言いたいんやけどな、世間が「偉《えら》い偉い」と言ってほめ上げるような人気のあるところへ、みんな行きたがる癖《くせ》があるよな。人気のある会社になったら、もう、何十倍、何百倍のすごい競争で、みんな行きたがる。

それで、その人気のある会社には、例えば東大出みたいなのがごろごろいて、あるとこなんか半分ぐらいいたり、役所なんかも半分を超《こ》えるとこがいっぱいあったと思うけども、こう、いっぱい集結する。

例えば、役所なら、今、大蔵省はなんちゅうんや、財務省っちゅうんか、ああいうとこは、昔は東大出が九割ぐらいいたわな。九割以上いたかな。

その財務省も、東大出を九割も採ったら、みんな局長になんかなれるわけないやろ。なあ。東大法学部を優秀《ゆうしゅう》な成績で出て、ヒラや。あるいは、まあ、課長にまでなる場合もあるけども、課長で止まるか、下手したらヒラで辞《や》めるしかなくなると思うんやな。

「こんなもん、人材の無駄遣《むだづか》いや」と、わしは思うんや。上まで行けるのは、ちょっとしかいないんやから。局長には四、五人しかなれんのやったら、四、五人、優秀なのを採ったら、ほんで十分やで。あとは、ほかの使ってもらえるとこへ行ったほうが、ほんとは本人にとってもええし、ほかの会社にとってもええん

料金受取人払郵便

荏原支店承認

1279

差出有効期間
平成25年11月
30日まで
（切手不要）

1 4 2-8 7 9 0

4 5 6

東京都品川区
戸越1丁目6番7号

幸福の科学出版（株）
愛読者アンケート係 行

ご購読ありがとうございました。お手数ですが、今回ご購読いただいた書籍名をご記入ください。

書籍名

フリガナ お名前	男・女	歳
ご住所 〒 都道府県		
お電話（ ） —		
e-mail アドレス		
ご職業	①会社員 ②会社役員 ③経営者 ④公務員 ⑤教員・研究者 ⑥自営業 ⑦主婦 ⑧学生 ⑨パート・アルバイト ⑩他（ ）	

ご記入いただきました個人情報については、同意なく他の目的で使用することはございません。ご協力ありがとうございました。

愛読者プレゼント☆アンケート

ご購読ありがとうございました。今後の参考とさせていただきますので、下記の質問にお答えください。抽選で幸福の科学出版の書籍・雑誌をプレゼント致します。（発表は発送をもってかえさせていただきます）

1 本書をどのようにお知りになりましたか。

①新聞広告を見て［朝日・読売・毎日・日経・産経・東京・中日・その他（　　　　　）］
②その他の広告を見て（　　　　　　　　　　　　）
③書店で見て　④人に勧められて　⑤月刊「ザ・リバティ」を見て
⑥月刊「アー・ユー・ハッピー?」を見て　⑦幸福の科学の小冊子を見て
⑧ラジオ番組「天使のモーニングコール」「元気出せ！ ニッポン」を聴いて
⑨BSTV番組「未来ビジョン」を視て
⑩幸福の科学出版のホームページを見て　⑪その他（　　　　　　）

2 本書をお求めの理由は何ですか。

①書名にひかれて　②表紙デザインが気に入った　③内容に興味を持った
④幸福の科学の書籍に興味がある　★お持ちの冊数＿＿＿＿冊

3 本書をどちらで購入されましたか。

①書店（書店名　　　　　　）②インターネット（サイト名　　　　　　）
③その他（　　　　　　）

4 本書へのご意見・ご感想、また今後読みたいテーマを教えてください。

（なお、ご感想を匿名にて広告等に掲載させていただくことがございます）

5 今後、弊社発行のメールマガジンをお送りしてもよろしいですか。

はい（e-mailアドレス　　　　　　）・いいえ

6 今後、読者モニターとして、お電話等でご意見をお伺いしてもよろしいですか。（謝礼として、図書カード等をお送り致します）

はい・いいえ

弊社より新刊情報、DMを送らせていただきます。
新刊情報、DMを希望されない方は下記にチェックをお願いします。

DMを希望しない □

や。

人材があんまり集結しすぎたら、使ってやれないし、優秀な人を殺してしまうんや。そういう世間の物差しで「尊敬される」っていうのは、みんな大好きやからな。就職偏差《へんさ》値《ち》とか、あるんやろ、どうせな。だから、みんな行きたがって、「うちのは、どこそこに勤めてます」「どこそこに入りました」というので喜ぶんやけど、入った結果、実際は使ってもらえんことが多いんやな。

だから、「適性はなんぞや」と言うけどねえ、ほんまは、できる人は何をやってもできるんや。特別な才能を要求するもの以外はな、何をやっても、ほんとはできるんや。だから、あんまり、「みんなが行きたがるから行く」っていう考え方、あるいは、「そこだったら親が喜ぶから」っていう考え方で就職を決めるのは、やめたほうがええで。

むしろ、生きがいとしては、今は無名かもしらんけど、自分として、「これは将来性があるなあ」と思うものに、やはり賭《か》けていったほうがええで。不況《ふきょう》だから、安定志向ってのは分かるんやけど、不況期に安定志向で行く人は、もう、ほんまに、自ら志願して「凡人《ぼんじん》になりたい」と言うとんのとおんなじやで。

実際は、「不況期に、これから一《ひと》勝負したろう」という野心を持ってるような会社を狙《ねら》っていったほうがええなあ。わしゃ、そう思うよ。

そうせんとなあ、ほかの会社に行ったら社長になれるような人でも、あんまり人材が集まりすぎたとこに入ったらね、ほんまに偉くなれんで終わりになってしまう。適材適所っていうても、そういうふうになるんや。潰《つぶ》し合いになってね、〝殺し合い〟になるから。

だから、あんまり優秀な人が集まるっちゅうの、わしは「考え方が間違《まちが》いや」と思うんや。やはり、「いろんな人がいて組織がうまいこといくんや」と思うんや。

営業が向いてるようなタイプの人もいれば、作戦を立てるのがうまいような人もいるし、お金に才能がある人もいる。いろんな人が集まって、いい組織になるんで、おんなじようなタイプの人ばっかりが集まったら、ほんとは、ようないんや。

だから、自分の個性を活《い》かせるようなところを探したらええし、世間の評価なんか気にする必要はないと思うんや。わしは、そう思うよ。

だいたい、会社っちゅうのは、不思議なんやけどなあ、普通《ふつう》は、大きいなればなるほど社員が無能になっていくんや。それは、ある意味では歯車になるからやろうけどな。ほかの人でも誰《だれ》でもええようになってくるんや。会社っちゅうのは、みな歯車になっていって無能化するんや。優秀な人が、好んで、自分を無能にする世界に入っていくんや。安定と世間の尊敬を得たいがために、ほとんどそうなるわけやな。

まあ、東大なんか出てたら、ちゃんとしたところにうまいこと入っておれば、社長になれるような人が、東大出がいっぱいいるようなとこに行ったら、部長ぐらいで終わっちゃうようなことだって、いっぱいあるわけやな。

だから、「有名な、ええ会社に入ったから幸福や」とは限らんわけで、やはり、自分を活かしてくれて、使ってくれる会社を選ぶのが、基本的には、ええっちゅうことと、もう一つは、大きな意味での天命を信じるこっちゃな。わしは、そう思うな。「九割は天命や」と思うなあ。

例えば、あんたは、宝塚《たからづか》に入れるぐらいの女性《ひと》や。なあ。誰が見たってそうや。宝塚に入ったら、そりゃあ、もう、男役のトップや（笑）。間違いない。男役のトップで、ものすごい稼《かせ》いで、そらあ、人気出たやろ。間違いない。

そういう人が、たまたま宗教に来てしもうたんや。そらあ、宝塚のほうが金は儲けられたやろ、たぶんな。だけど、宝塚を捨ててでも宗教に来て、幸福の科学のために貢献《こうけん》したい。なんでや。大川隆法が好きやからや。そんで来たんや。なあ。それは心意気や。

それで来たんやったらやなあ、「先生のために、私は宝塚を捨てて、こっちに来たんや。その分、ご奉仕《ほうし》して、宝塚のトップ以上の仕事をやったるでえ」と、その気持ちであんたがやりゃあやな、若い人だって、そんな気になるでえ。

だから、世間の評価や、そんなんだけで決めたらあかんで。やはり、自分の個性を活かす。適性を活かす。あるいはチャレンジする。ゼロのものを、松下みたいに三人で始めた企業《きぎょう》を三十万人にするみたいな、こんなのは、やはり面白《おもしろ》いでえ。

自由闊達《かったつ》な気風をつくれば、もっと発展する

幸福の科学は、「世界中に広げる」っちゅうとんのやろ？　やったらええねん。

面白いでえ。今、世界は七十億人や。信者七十億人まで頑張《がんば》ったら、それはすごいで。なあ。今、何人おるんか知らんけどやなあ、まだまだ空回《からまわ》っとるんとちゃうか。力を発揮してないんとちゃうかなあ。

だから、普通の世間の尊敬や評価や、そんな標準化した物差しなんかじゃなくて、やはり、生きがいや夢やロマン、それから、自分の自己発揮、そういうものを目指すべきやなあ。それが大事なんやないかなあ。

そういう意味で、「若い人に制約をかけて、しつけて、おとなしくさせる」っちゅうのは、大企業の遺伝子なんや。あんまりそれをやったらあかんで。「おとなしくさせよう」みたいなのを五年もやったら、もう仕事でけんようにすぐなるから。

そうではなくて、結果オーライというか、結果が教団のプラスになるんやったらええでと。犯罪にならんことやったらね（笑）。犯罪になるんは、あかん。「銀行強盗《ごうとう》をして、お金持ってきました。献金《けんきん》します」と、これはあかんとわしは思うけども、犯罪ではない、正当な仕事でやって、その結果、教団の発展になるようなことやったら、ある程度、目こぼしして許したって、「やってええで」ってやらさないと。

いちいちお伺《うかが》いを立てて、「危ない。それ、やめとこ」というのばっかりだったら、これはあかんな。夢もないし、希望もないし、面白みもないわな。

それと、さっき言った学歴も、そら、使い方があるんや。頭のええ人も要るけども、人体で言やあ、体が全部頭やったら、これは、ものすごい醜《みにく》い失敗作やで。例えば、「頭に手足が付いてる」っちゅうだけやったら、たまらんで。

でも、そんな会社や役所がいっぱいあるわけや。頭に手と足がちょこっと付いてる。なあ。やはり、頭もあれば、胴体《どうたい》もあって、手足もあって、バランスが取れとるのがええんや。八頭身《はっとうしん》がええんや。

だから、頭はそのくらいでええんや。みんながみんな、そうならないかんわけではないので、それぞれの特徴《とくちょう》を生かして、評価をしてやることは大事なんや。学歴なんかでコンプレックスを持っとる人がおったら、「そんなことないでえ。あんたは、ここが長所やで。このあんたの長所で戦いなはれ」というふうに言うたらええんや。

人は長所もありゃ欠点もあるんやから、抱《だ》き合わせなんや。だいたい裏表なんや。長所があれば、その分の影《かげ》ができる。極端《きょくたん》な長所があれば弱点もある。だから、弱点のない人ばっかり探したら、長所のない人間ばっかり揃《そろ》ってくるから、弱点をあげつらうっちゅうかな、欠点をあげつらうのは、特に若いうちは、あまりやらんほうがええな。悪いとこばっかり直そうとすると、長所のない人間の山になってくると思うな。

だから、もっと自由闊達《かったつ》な気風をつくったほうがええで。それと、役職にかかわらず意見を自由に言えるようにせなあかんな。もっともっと意見を言いに行ったらええんや。

ここは縦のラインがちょっと強すぎるらしいから、ちょっと心配やで。だから、学生でも総裁にものを言えるぐらいに、やはりならなあかんで。そんな気風をつくったら、もっともっと発展するで。

まあ、そんなとこや。

5　商才の磨《みが》き方とは

F――　もう一つ、商才の磨《みが》き方につきましてお伺《うかが》いします。

若い人のなかには、ヤング・ベンチャーを志すような人もいますし、親の商売を継《つ》ぐ人もいます。あるいは、営業マンになって、売り上げを伸《の》ばさなければいけない人もいます。

そこで、この不況期のなかで、どのように商才を磨いていけばよいのか、そういう、不況期に立ち向かう心意気のようなものを教えていただければと思います。

商売も宗教も基本は「説得力」

松下幸之助　うん。分かった、分かった。

まあ、世間の経営学はな、「お客さま第一主義」「顧客《こきゃく》第一主義」を言うとるし、間違《まちが》いではないと思うよ。一般的《いっぱんてき》にはそのとおりやろうと思うんや。お客さんのことを無視してやったらあかんとは思うんや。

ただ、みんながそう思っとったら、「逆もまた真《しん》なり」やな。反対もやらないかん。逆もあって、今度は、「自分自身の信念を売る」っていうのも一つや。「信念を売る」っちゅうんが一つなんや。

お客さんに、「これはええ製品ですから買ってください」と言って、「事実、いい製品やから、便利なので買いたい」というのもあると思うんや。重いやつは軽くすれば持ちやすいしな。色が悪いやつは、きれいになったら買いたいと思う。

例えば、テレビでも、映りの悪い、〝雨が降ってる〟ようなテレビは、きれいな画面が出りゃあ売れるけどな。

そうやけど、その反対もあるっちゅうことや。だから、「信念を売る」っちゅうのもある。そら何か言うたら、「説得力」や。説得力がある者は、やはり、営業にも、商売にも成功する。どの業界であってもそうや。説得力や。

だから、ここは宗教やけども、わしが見てな、足りんと思うのは説得力やと思うんや。教祖さまは頑張《がんば》っとると思うよ。だけど、弟子の説得力が足りんと思うな、わしは。

なんか、まだ、学生みたいに勉強してるような気持ちでおるようで、商売やらしたって、たぶんできへんと思う。ほかの商売ができるんやったら、たぶんできるけど、できへん人がいっぱいおると思う。

なかで教義の勉強ばっかりしてるけども、説得力がない。説得力があったら、信者が増やせるんや。商売も宗教も基本は一緒《いっしょ》なんや。説得力なんや。説得力を磨くんや。

ベンチャーをやる人でも、親のあとを継ぐ人でも、もちろん、「ものが良くて売れる」というのは大事なことで、それを志すべきやし、お客さんの役に立つものを売るのも、当然、考えなきゃいかんことやけども、ただ、「不況期にベンチャーを起業するんで、商才を磨くのに、どうしたらええか」と言うたら、もう、説得力や。

これは、そう思わな、絶対、出てこんのや。信念で、「わしは、絶対、この会社を大きくしたいんや」「わしは、絶対、この商品をもっと売りたいんや」と、まず自分自身を説得できん者が、人を説得なんかできるもんか。

だから、説得力を付けなはれ。そしたら、伝道もできるし、商売もできるし、何でもできる。説得力や。

銀行から金を借りるんだって説得力が要《い》るんや。商売するために銀行から金を借りるのも説得力や。銀行員を説得するんや。銀行の支店長を説得して金を引き出さなあかんのや。

説得力を、もっと言うてくれ。

6　経営幹部の心構え

G――　本日は、まことにありがとうございます。最後に、経営幹部にとっての心構えをお教えいただければと思います。

今、「政治は迷走し、経済も失速している」という、非常に厳しい環境《かんきょう》のなかにありますが、幸福の科学は、これから、世界宗教に向けて、人材を育て、伝道力を付けて頑張《がんば》っていこうとしているところです。

そこで、このような時代を勝ち抜《ぬ》いていくための、経営幹部の心構えにつきまして、ご指導いただければと思います。

弟子《でし》が教祖の力をせき止めている

松下幸之助　わしなんかは宗教的才能はそんなにないからね、あれやけど、わしがもうちょっと何十年か若《わこ》うて、大川隆法総裁の下《した》で理事長でもやらしてもらえたら、この教団なんか、もう百倍になっとるで。君らの才能っちゅうか、努力が足りんのや。全然足りない。

先生の努力が、もう、無駄死《むだじ》にしてますよ。撃《う》ってる弾《たま》が全然当たっとらんのや。無駄死にしてるよ。「こんなええもんつくって、こんなんしか売れんのか」っちゅう感じかな。こんなええ商品つくって、こんなに在庫の山つくって、こんなに返本の山つくって、こんなに赤字つくったりして、こんなんでええんか？

やはり、これを叱《しか》れる人が弟子《でし》にいないのが残念やね。

ずっと大番頭《おおばんとう》がどうもいなくて、まあ、中番頭《ちゅうばんとう》、小《こ》番頭ばっかりや。あんたも含《ふく》めてやな、もう、小番頭はいっぱいいるんやけど、小番頭はええが、コバンザメはあかんで。コバンザメは、くっついて給料もらっとるだけや。そんなの、あかんのや。だから、この百倍ぐらいなかったらあかん。そうなっとらんとあかんと思うな、わしは。

先生は、ええこと言うとる。だから、ほかの宗教なんか全部潰《つぶ》れていかなきゃ、ほんとはおかしいんや。これだけええ教えを説かれたら、まだ日本でほかの宗教が存在するということ自体がおかしいんや。日本の大教団なんて、ほんなのバタ潰れなきゃいかんのや、ほんまは。これだけの教え説かれたら、あるほうがおかしいんや。

「そんなとこをまだ信じている」っちゅうんが、信じられんわ。わしは信じられん。「それが、まだ存続できとる」っちゅうことは、あんたらの説得力が足りとらんのや。ちゃんと伝道を本気でやっとらへんのや。

変な邪教《じゃきょう》だって、けっこう、何十万だ、何百万だ言うて、いっぱいやっとるんやろうが。どれを邪教だとわしゃあ言わんけどやな、邪教に当たるのは、それは商売で言やあ欠陥品《けっかんひん》を売っとるとこや。

欠陥品を売っとる会社が発展するなんていうのは、ありえんこっちゃ。そうやろ？ 欠陥品を売って、「うちのつくっとるもんは、だいたい、半分を超《こ》えて欠陥品ですわ」と言う会社が、世の中で大会社なんかになってたまるか！ なあ。そうやろ。

でも、宗教においてはやねえ、教祖が邪教を説いてるようなところで、なかにいる幹部や弟子が悪霊憑《あくれいつ》きだらけで、そこへ行ったらみんな地獄《じごく》に堕《お》ちるみたいな宗教が、日本中に、けっこうはびこっとるんやろ？ こんなのが十八万じゃ何じゃと、いっぱいあるんやろう。

「これが〝お掃除《そうじ》〟されない」っちゅうこと自体が間違《まちが》っとると、わしは思うんや。別に潰そうとして潰す必要はないんや。ほんとに正当に発展したら、そんなものはお掃除できるはずなんや。

電器会社やったら、違《ちが》いははっきり分かるで。このテレビと、このテレビと、どっちがええかは、すぐ分かる。車でも一緒《いっしょ》や。この車と、この車のどっちがええか、ほんなの一年もかからへんよ。消費者は、ちゃんと見分けまっせ、絶対に。売れるもんは売れて、売れんもんは売れんのや。売れんで赤字をつくってまうんや。

だから、あんたら、やはり百分の一も仕事できとれへんよ。逆に、教祖の力を弱くする力があるわ。

あんたら、それは〝ダム経営〟しとるんやろ。わしの教えたとおり、〝ダム経営〟しとるんや。教祖の力を、頑張ってダムでせき止めとるんや。だけど、それ、ちょっと放流せなあかんで。

あんたらダムや。コンクリートの塊《かたまり》や。あんたがたはコンクリートが好きなんや。コンクリートのダムをつくっとるんや。それで教祖の力を満々とたたえとるんや。でも、放流する気がないんや。ちょろちょろっと流しとるんやね。魚が遡《さかのぼ》れるように魚道《ぎょどう》を開けて、ちょっとだけ流しとる。それがあんたらの今の仕事や。

だけど、ためるだけが仕事やないでえ。やはり、水は流れんかったらあかんでえ。流れんかったら大河にならんよ。だから、ダムにわしは反対しとるわけじゃないけども、あんたら自体がダムになっとったらあかんで。

万一のときのために、そういうダムは要《い》る。洪水《こうずい》や大雨のとき、あるいは渇水《かっすい》のときのためにダムは要るけども、ダムは単にせき止めるためだけにあるんとちゃうんや。雨が降らないときのためにダムはあるし、年中発電できるためにダムはあるし、それから、台風のときの洪水をせき止めるためにダムはあって機能しているけども、ダムそのものは、川を潰すためにあるんではないんや。川をせき止めるためにあるんではないんや。それを間違《まちご》うたらあかんで。

あんたら幹部が、それを長年やっとるように、わしは思うね。だから、わしが理事長やったら、もうこの教団は百倍になっとります。わしが二十年理事長やったら、今の百倍になっとります。世界中で、もっともっと有名に、絶対になっとります。

人類の幸福のために徹底的《てっていてき》に戦え

商品力で、ほかの宗教のものと、もう違いがありすぎるんだよ。これだけ商品力に違いがあって、それで市場を全部押《お》さえられないっていうのはおかしいよ。ねえ。一般《いっぱん》社会では、商品力に違いがあったら、駆逐《くちく》されるんだよ。これだけ違いがあって、ほかのものは、ほかのもので存在できて、こっちはこっちだけでやっている。これは絶対におかしい。マーケットシェアをもっと取らにゃいかんで。やはり、これは完全に独走態勢に入らないかん。

宗教団体は十八万あるんやろうけれども、今、マーケットシェアでナンバーワンを取るためには、やはり四十パーセント以上取らないかんのや。ほんとは、できたら五十パーセント取りたいところやけども、四十パーセント以上取らないかん。だから、五十パーセントを目指して、宗教人口の五十パーセントぐらい取るつもりでいかんと、まあ、あかんね。それでないと一番にはなれない。

「宗教シェアの五十パーセントを取れ」と。これはわしの命令や。

わしやったらできる。あんたやったらできん。その違いが、あの世での違いになるわ。頑張れや。それができたら、あんたもわしとおんなじとこに来る。そしたら一緒に将棋《しょうぎ》指そうか。な。

もうちょっと頑張りなはれ。弟子の能力が足りんで。ほんまは、能力ではなくて、情熱が足りんのや。みんな頭はええんや。良すぎて困ってる。さっきから話を聞いとるけど、頭が良すぎて、何を言うとるか分からへんのや。何を言うとるか分からへんから、全然伝道できへんのや、たぶん。

何を言うとるか分からんから、聞いとる人は、なんや知らんけど、行事に参加して帰っとるだけや。分かる言葉でちゃんと言いなはれ。

情熱があったら、大きいなります。この百倍できます。できんのは、あんたらが「できん」と思うとるからや。「教祖は世界中に伝道するとか言うとるけど、わしらは信じとれへん」と、これが本音やろうが。だから大きいならんのや。

やはり頭が良すぎるんや。その頭の良さをなあ、ええか、保身に使《つこ》うとるんや。自分らが傷つかないで、うまいこと逃《に》げるために、頭の良さを使うとるんや。このエネルギーは無駄なんや。ほんまは、もっとばかなほうがええんや。

あんたの代わりに、土方《どかた》の親分を座らせたほうが、もしかしたら発展するかも分からんのや。「先生の言うとるとおり、このとおりやろうや」と言うたら、発展するかも分からんのや。

だから、幸福の科学の弱点はやな、頭のええ人が集まりすぎて、自分のためだけに勉強しすぎとるんや。自分のためだけにしすぎて、広げるほうに力を使うとれへんのや。情熱が足りんのや。ここがあかんとこや。

だから、マーケットシェア五十パーセントを取りなさい。まあ、伝統宗教については、お墓があるから取れないかもしらんけれども、新宗教のマーケットの五十パーセントは絶対に取って押さえてしまいなさい。これは、もう、十年以内に絶対に取らなきゃあかん。もう、実力的にはそうなんだ。そうならんかったら、おかしい。これはフェアな世界ではない。それを目標にしなさい。

邪教がいくらでも増えるなんて、そんなの許しちゃいかんよ。映らないテレビを売っているところが、いつまでも生き延びて繁栄《はんえい》してるなんて、そんなこと、ありえないことだよ、君。分かるか。ん？　何か言いたいか？　ん？

Ｅ――　そのとおりです。

松下幸之助　そうやろう、そうやろう。なあ。だから、映らんテレビが売れとるなんて、そんなの考えられるか。片方は、きれいな天然色のカラーテレビで、片方は〝雨が降っとるテレビ〟で、「この会社も大会社でまだ生きとります」って、こんなのありか。これが人類の幸福か。おかしいやないか。なあ。

君ら徹底的《てっていてき》に戦いなはれ。それが大事やで。そういう気概《きがい》を持ちなさい。

あとがき

生きている時に、世のため人のために尽《つ》くした人は、この世を去っても、地上の人々の幸福を願い続けているものだ。この心の広さ、温かさは、接する人の涙をさそわずにはおかない。

今、たとえ誰がこの国の総理大臣であったとしても、また財界のトップであったとしても、もしかなうものなら、アドバイス頂きたいのは、松下幸之助翁《おう》であろう。そのかなうはずのない願いを現実にかなえたのが本書である。

ちまたにも霊能者は数多くいるであろう。しかし波長同通《はちょうどうつう》の法則《ほうそく》から言って、松下幸之助クラスの人の霊言、霊示を直接受けとれる宗教家は、大川隆法をおいてほかにはないと信じる。私もまた、天命に生きる男であり、国を憂《うれ》えること、松下幸之助氏に劣るものではない。本書がこの国と世界を救う一助となりますことを。

二〇一〇年　一月

幸福《こうふく》の科学《かがく》グループ創始者兼総裁《そうししゃけんそうさい》　大川隆法《おおかわりゅうほう》

松下幸之助《まつしたこうのすけ》 日本《にほん》を叱《しか》る ——天上界からの緊急メッセージ——

2010年２月７日　初版第１刷
2010年２月18日　　　第３刷

著　者　　大《おお》 川《かわ》 隆《りゅう》 法《ほう》

発行所　　幸福の科学出版株式会社

〒142-0041 東京都品川区戸越１丁目６番７号
TEL(03)6384-3777
http://www.irhpress.co.jp/

印刷・製本　株式会社 サンニチ印刷

落丁・乱丁本はおとりかえいたします

ISBN978-4-86395-023-8 C0030

大川隆法 ベストセラーズ・法シリーズ

創造の法

法シリーズ
最新刊

常識を破壊し、新時代を拓く

斬新なアイデアを得る秘訣、究極のインスピレーション獲得法など、仕事や人生の付加価値を高める実践法が満載。業績不振、不況など難局を打開するヒントがここに。

第１章　創造的に生きよう
第２章　アイデアと仕事について
第３章　クリエイティブに生きる
第４章　インスピレーションと自助努力
第５章　新文明の潮流は止まらない

1,800円

愛と悟り、文明の変転、そして未来史——現代の聖典「基本三法」

法体系
太陽の法
エル・カンターレへの道

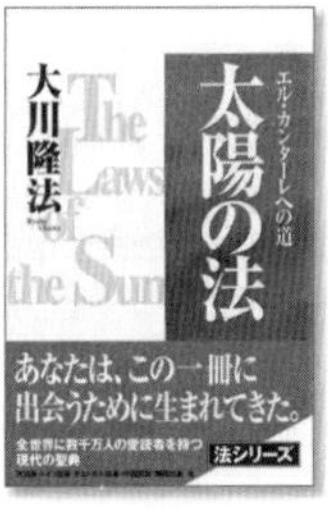

時間論
黄金の法
エル・カンターレの歴史観

空間論
永遠の法
エル・カンターレの世界観

各 2,000円

※表示価格は本体価格（税別）です。

大川隆法ベストセラーズ・デフレに打ち克つ

社長学入門

大好評
発売中

常勝経営を目指して

デフレ時代を乗り切り、組織を成長させ続けるための経営哲学、実践的手法が網羅された一冊。
「経営の師」を求める、すべての志あるリーダーたちへ。

第1章　幸福の科学的経営論
―― マネジメントの核になる「十七のポイント」

第2章　経営のためのヒント
―― デフレ下を生き抜く智慧

第3章　社長学入門
―― 経営トップのあるべき姿とは

9,800円

経営入門

人材論から事業繁栄まで

小さな会社から大企業まで、組織規模に応じた経営の組み立て方や経営資源の配分、人材育成の方法など、強い組織をつくるための「経営の急所」ともいうべき要点を伝授する。

9,800円

大川隆法 ベストセラーズ・混迷を打ち破る「未来ビジョン」

幸福実現党宣言

この国の未来をデザインする

政治と宗教の真なる関係、「日本国憲法」を改正すべき理由など、日本が世界を牽引するために必要な、国家運営のあるべき姿を指し示す。

1,600円

政治に勇気を

幸福実現党宣言③

霊査によって明かされる「金正日の野望」とは? 気概のない政治家に活を入れる一書。孔明の霊言も収録。

1,600円

政治の理想について

幸福実現党宣言②

幸福実現党の立党理念、政治の最高の理想、三億人国家構想、交通革命への提言など、この国と世界の未来を語る。

1,800円

夢のある国へ——幸福維新

幸福実現党宣言⑤

日本をもう一度、高度成長に導く政策、アジアに平和と繁栄をもたらす指針など、希望の未来への道筋を示す。

1,600円

新・日本国憲法試案

幸福実現党宣言④

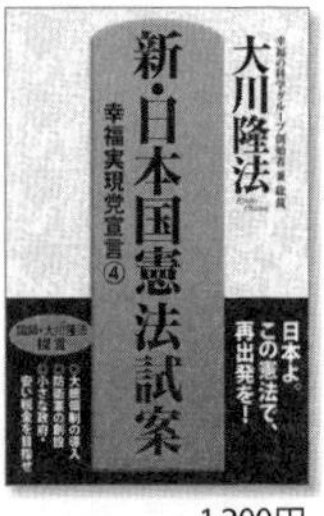

大統領制の導入、防衛軍の創設、公務員への能力制導入など、日本の未来を切り開く「新しい憲法」を提示する。

1,200円

※表示価格は本体価格(税別)です。

大川隆法 ベストセラーズ・霊言シリーズ

龍馬降臨

緊急発刊!

幸福実現党・応援団長 龍馬が語る
「日本再生ビジョン」

坂本龍馬の180分ロングインタビュー（霊言）を公開で緊急収録！国難を救い、日本を再生させるための戦略を熱く語る！

第1章　日本を根本からつくり直せ
日本の政治とマスコミの現状／国難を打破する未来戦略
新しい産業を起こすための経済政策　ほか

第2章　幸福維新の志士よ、信念を持て
現代の海援隊とは何か／龍馬暗殺の真相
なぜ幸福実現党の応援団長をしているのか　ほか

1,300円

坂本龍馬・勝海舟の霊言

大いなる精神の飛躍を

あの情熱を、あの覚悟を、あの先見性を――。近代日本の土台を築いた、幕末の英雄が「現代」を語る。

1,000円

幸福の科学

あなたに幸福を、地球にユートピアを――
宗教法人「幸福の科学」は、
この世とあの世を貫く幸福を目指しています。

幸福の科学は、仏法真理《ぶっぽうしんり》に基づいて、まず自分自身が幸福になり、その幸福を、家庭に、地域に、国家に、そして世界に広げていくために創られた宗教です。

「愛とは与えるものである」「苦難・困難は魂を磨く砥石《といし》である」といった真理を知るだけでも、悩みや苦しみを解決する糸口がつかめ、幸福への一歩を踏み出すことができるでしょう。

この仏法真理を説かれている方が、大川隆法総裁です。かつてインドに釈尊《しゃくそん》として、ギリシャにヘルメスとして生まれ、人類を導かれてきた存在、主エル・カンターレが、現代の日本に下生《げしょう》され、救世の法を説かれているのです。

主を信じる人は、どなたでも幸福の科学に入会することができます。あなたも幸福の科学に集い、本当の幸福を見つけてみませんか。

幸福の科学の活動

●全国および海外各地の精舎《しょうじゃ》、支部・拠点などで、大川隆法総裁の御法話拝聴会、祈願や研修などを開催しています。

●精舎は、日常の喧騒《けんそう》を離れた「聖なる空間」です。心を深く見つめることで、疲れた心身をリフレッシュすることができます。

●支部・拠点は「心の広場」です。さまざまな世代や職業の方が集まり、心の交流を行いながら、仏法真理を学んでいます。

幸福の科学入会のご案内

◆精舎、支部・拠点・布教所にて、入会式にのぞみます。入会された方には、経典《きょうてん》「入会版『正心法語《しょうしんほうご》』」が授与されます。

◆仏弟子としてさらに信仰を深めたい方は、三帰誓願式《さんきせいがんしき》を受けることができます。三帰誓願式とは、仏・法・僧の三宝《さんぽう》への帰依《きえ》を誓う儀式です。

◆お申し込み方法等は、最寄りの精舎、支部・拠点・布教所、または左記までお問い合わせください。

幸福の科学サービスセンター
TEL 03-5793-1727
受付時間 火～金：一〇時～二〇時
土・日：一〇時～一八時

大川隆法総裁の法話が掲載された、幸福の科学の小冊子（毎月１回発行）

月刊「幸福の科学」
幸福の科学の
教えと活動がわかる
総合情報誌

「ザ・伝道」
涙と感動の
幸福体験談

「ヘルメス・エンゼルズ」
親子で読んで
いっしょに成長する
心の教育誌

「ヤング・ブッダ」
学生・青年向け
ほんとうの自分
探究マガジン

幸福の科学の精舎、支部・拠点に用意しております。
詳細については下記の電話番号までお問い合わせください。

TEL 03-5793-1727

宗教法人 幸福の科学 ホームページ **http://www.kofuku-no-kagaku.or.jp/**